SOUVENIRS D'UN PRÉLAT ROMAIN

SUR

ROME ET LA COUR PONTIFICALE

AU TEMPS DE PIE IX

RECUEILLIS PAR

PIERRE ROCFER

PARIS

BUREAUX DE LA REVUE BRITANNIQUE

71, RUE DE LA VICTOIRE, 71

1895

SOUVENIRS D'UN PRÉLAT ROMAIN

_{SUR}

ROME ET LA COUR PONTIFICALE

AU TEMPS DE PIE IX

PARIS. — TYPOGRAPHIE A. HENNUYER, RUE DARCET, 7.

SOUVENIRS D'UN PRÉLAT ROMAIN

_{SUR}

ROME ET LA COUR PONTIFICALE

AU TEMPS DE PIE IX

RECUEILLIS PAR

PIERRE ROCFER

———

PARIS

BUREAUX DE LA REVUE BRITANNIQUE

71, RUE DE LA VICTOIRE, 71

1895

SOUVENIRS D'UN PRÉLAT ROMAIN

SUR

ROME ET LA COUR PONTIFICALE

AU TEMPS DE PIE IX

Sine fictione didici, sine iuvidia communico.

AVANT-PROPOS

Avant de donner les Mémoires, ou plutôt les fragments de Mémoires de M⁸ʳ Ludovic Chaillot, il m'a paru utile de dire au lecteur quelque chose sur leur auteur, d'expliquer en même temps comment ces Mémoires ont vu le jour et quelles circonstances les ont fait naître.

C'était en 1888. J'étais venu à Rome peu auparavant, pour y fouiller, à mon tour, les bibliothèques et les archives, relativement à l'histoire religieuse d'une époque fort troublée et sur laquelle on a beaucoup écrit, sans épuiser la matière. J'avais successivement compulsé les manuscrits du Vatican, de la Vallicelliana, de l'Agostiniana et d'autres encore, toutes plus importantes l'une que l'autre. En suivant l'ordre que je m'étais tracé pour la suite de mes recherches, j'en étais arrivé aux deux bibliothèques de Casanate (la Minerve) et de Corsini, passant là mon temps, alternativement dans l'une et dans l'autre.

C'est à ces deux bibliothèques que je finis par remarquer un ecclésiastique qui les fréquentait aussi assidûment et depuis bien plus longtemps que moi. L'ensemble de sa personne attirait vite l'attention du travailleur le plus absorbé dans ses recher-

1

ches. C'était un beau vieillard, de taille au-dessus de la moyenne, un peu lourd, parce qu'il était replet, mais le front large et haut, encadré d'une abondante chevelure autrefois blonde, à cette heure presque blanche, l'œil doux et vif tout à la fois ; un homme, en un mot, doué d'une physionomie sympathique et avenante. Chercheur laborieux et infatigable, il arrivait de bonne heure à la bibliothèque et demandait autant de livres qu'il en pouvait porter. Il se plongeait tout entier et avec délices dans ses recherches, insensible à ce qui se passait autour de lui et n'interrompant sa lecture que pour aspirer une large prise dans une tabatière volumineuse, qui contenait du tabac pour une semaine au moins. Arrivé un des premiers aux bibliothèques, il en sortait le dernier. J'ai vu plus d'une fois les gardiens obligés de l'avertir que l'heure de la fermeture était déjà passée.

Sa toilette un peu trop négligée, je dirai même, pour être véridique, certains détails de propreté qui faisaient défaut dans ses vêtements et dans sa personne, ne prévenaient pas en sa faveur au premier aspect ; mais il rachetait ces défectuosités par tant et de si excellentes qualités, que celui qui avait l'avantage de le connaître et de converser avec lui oubliait celles-là pour ne plus voir que celles-ci ; tant il est vrai que les rugosités de l'enveloppe cachaient un fruit savoureux ! Je sus bientôt que cet ecclésiastique était un érudit de premier ordre, qu'il avait beaucoup lu et beaucoup écrit, qu'il rédigeait à lui seul les *Analecta Juris pontificii*, et qu'il avait nom Mgr Chaillot. Je ne tardai pas à faire sa connaissance, et j'en profitai pour puiser discrètement à cette source de science bibliographique dont je n'ai jamais trouvé la pareille. Il avait d'ailleurs, pour obliger ses amis, une complaisance si cordiale, que c'était vraiment plaisir de mettre à contribution sa science toujours à la hauteur de sa bienveillance. Tout archiviste, surtout quand cet archiviste était Français, devinait en lui un ami ; il avait conservé, en effet, un grand amour pour la France, quoiqu'il fût devenu quasi-Romain par un séjour à Rome de plus de quarante ans.

Pour m'engager à faire appel aux lumières de son expérience et de sa science acquise, il se faisait volontiers l'application de ces paroles du Livre de la Sagesse : *Sine fictione didici, sine invidia communico.* Je n'ai jamais douté de la fidélité de sa mémoire, ni de sa loyauté historique, pas plus que de sa grandeur d'âme.

Peu à peu, la sympathie mutuelle qu'avait fait naître sans doute une communauté de goûts, une passion égale — à défaut d'égale aptitude — pour la recherche des archives qui constituent les fondements de l'histoire, engendra une confiance réciproque. Cette confiance produisit l'affection ; j'entends l'affection doublée d'estime et de reconnaissance qui n'a besoin pour exister ni de la proportion de l'âge ni de celle des talents. Bref, je me constituai spontanément, et un peu à mon insu, le disciple de ce maître, subjugué que je fus alors par les trésors d'érudition et de bonne humeur dont il se montrait si prodigue à mon égard.

Au retour de chaque séance aux bibliothèques, je l'accompagnais jusqu'à son domicile, d'abord à l'angle de la place d'Espagne et de la *via Frattina*, et plus tard, autant qu'il m'en souvient, au numéro 106 de la *via de due Macelli*. Notre promenade était interminable. Marchant avec une lenteur tout à fait caractéristique, s'arrêtant chaque dix pas, quelquefois pour reprendre haleine, plus souvent par habitude et pour prolonger la *passeggiata*, mon compagnon de travail me racontait tout ce qui lui venait à l'esprit sur Rome, hommes et choses, qu'il avait vus et connus pendant le temps de son long séjour. Il semblait rester étranger au brouhaha du *ponte Sisto* et au souci que donne au pauvre piéton, dans le dédale des ruelles étroites voisines du *Ghetto*, la file interminable des véhicules qui s'entrecroisent partout, tirés par deux et trois bidets efflanqués, attelés de front à des charrettes rudimentaires et qui rappellent un peu trop l'enfance de l'art. Enfin nous arrivions chez lui, et d'abord au restaurant où il se rendait vers 6 heures pour prendre le premier, l'unique repas sérieux de la journée. Car il avait la sobriété d'un moine, et d'un moine de la plus stricte observance. Convaincu que l'énergie des facultés intellectuelles diminue en raison directe de l'assouvissement des exigences de l'estomac, il se contentait de faire deux collations composées d'une *pagnote* et d'un peu de café, la première à 8 heures du matin, l'autre vers midi. « Grâce à ce double *frustulum*, me disait-il, je trompe aisément la faim, et mon estomac, ordinairement de bonne composition, me laisse, sans trop protester, pleine liberté d'esprit. »

C'était, en effet, un laborieux, que Mgr Chaillot. Levé de très bonne heure, il consacrait un long temps à la prière, récitait chaque jour, outre le bréviaire, l'office entier des morts ; puis il célébrait la messe, œuvre pour laquelle il ne voulut jamais accepter d'honoraires. Était-ce bizarrerie d'esprit, respect excessif pour le saint sacrifice ? Je ne saurais le dire. Ce que je puis affirmer, en m'autorisant de ses confidences, c'est qu'il appliquait chaque jour le fruit du sacrifice de l'autel au succès des *Analecta*, et plus encore, afin qu'il ne se glissât jamais aucune erreur dans cette importante compilation. Je tiens d'ailleurs d'un cardinal de France, ancien condisciple et ami de Mgr Chaillot, que sa piété était très vive, aussi vive et éclairée qu'était sa foi. Il faisait encore périodiquement des pèlerinages aux principaux sanctuaires de la ville des papes, notamment à l'autel du Crucifix, dans l'église construite sur la prison Mamertine, au pied du Capitole et à l'entrée du Forum romain.

J'ai dit qu'au retour des bibliothèques je faisais route avec Mgr Chaillot et qu'il me racontait sur les hommes et les choses des histoires qu'il assaisonnait de l'esprit le plus fin, parfois même d'une certaine causticité, un peu piquante, il est vrai, mais toujours de bon aloi.

Fantaisie me prit bientôt, lorsque j'étais de retour chez moi, de confier au papier toute la conversation dont j'avais subi le charme — car Mgr Chaillot était un charmant conteur. A partir de ce moment, je notai les noms et les dates, et j'écoutai les récits avec un redoublement d'attention.

Chaque jour, j'augmentais mon manuscrit d'un nouveau paragraphe, et, peu à peu, je devins possesseur de ces *Souvenirs d'un prélat romain*, que je me propose de donner au public. Ce fut comme la goutte d'eau quotidienne qui, en s'accumulant, donne naissance, je ne dis pas à la rivière, mais au tout petit ruisseau. L'humble ruisseau n'a-t-il donc pas, lui aussi, sa rai-

son d'être et son utilité ? Je n'avais lu nulle part ce que je recueillais de la bouche du vénérable prélat, et à cause de cela,
j'ai cru que son récit avait encore, à défaut d'autre valeur, l'intérêt de la nouveauté.

Je ne fis point mystère de mon projet à mon aimable conteur.
Non seulement il n'y fut pas hostile, mais il m'encouragea dans
ma résolution. Bien plus, il revit les six premiers entretiens ou
chapitres et y fit de sa main quelques corrections, rectifiant des
noms ou des dates. « Si je n'étais trop vieux et absorbé par
mes *Analecta*, me disait-il, je voudrais écrire mes Mémoires, et
je vous assure qu'ils vaudraient bien la peine d'être lus. Ils
seraient surtout très volumineux ; j'ai été mêlé à tant d'événements, et me suis trouvé souvent aux meilleures places pour les
voir se dérouler ! » Ce qui est certain, c'est qu'il était doué d'une
prodigieuse mémoire et qu'il semblait avoir vu la veille ce qu'il
racontait avec une précision de détails qui m'étonnait.

Qu'a été cette existence de plus de quarante-cinq ans passés
à Rome ? Je l'ignore. Je sais seulement que Msr Chaillot était
Avignonnais, qu'il avait fait ses études au petit séminaire de
Paris, où il avait eu pour condisciple et pour ami celui qui devait être plus tard le primat d'Afrique, le cardinal Lavigerie.
A plus de soixante années d'intervalle, il aimait à rappeler les
succès scéniques du jeune Lavigerie. « Il nous étonnait, me
disait-il, par son talent déclamatoire, sa mimique hors de pair,
et tout l'ensemble des qualités d'un acteur consommé, qu'il
possédait naturellement et éminemment, sans étude et sans formation. »

Au sortir du petit séminaire de Saint-Nicolas du Chardonnet,
Msr Chaillot entra au grand séminaire de Saint-Sulpice. Jeune
prêtre, il retourna dans son diocèse pour y exercer le ministère ;
mais le ministère paroissial n'était guère son affaire. Il avait la
passion des études ecclésiastiques et l'amour des archives. En
quête de documents de première main pour faire un travail
dont il venait de jeter les bases, il part pour Rome après un
vicariat de quelques mois. C'était, il me semble, en 1845 ou 1846.
Il y trouve de tels trésors, qu'il reste à compulser les archives ;
les mois et les années passent et il les compulse toujours, ou

bliant le temps, qui semblait l'oublier lui-même. Il est vrai qu'il
était admirablement doué pour ce genre de travail, qui exige
non seulement une longue patience et une infatigable persévé-
rance, mais quelque chose de plus, je veux dire un certain flair
qui, en soutenant le courage, dirige les recherches et les conduit
presque toujours à bien.

En 1861, je trouve Mgr Chaillot inscrit dans la *Gerarchia cattolica*. Il porte le titre de camérier d'honneur de Sa Sainteté et
consulteur de la Congrégation des Évêques et Réguliers. C'était
une sorte de reconnaissance officielle en même temps que la
récompense de sa remarquable érudition. Depuis son arrivée à
Rome jusqu'à sa mort, Mgr Chaillot n'a pas cessé de travailler,
excepté le dimanche et les jours de fêtes gardés. Il avait un tel
respect pour la sanctification du dimanche et des fêtes, qu'il
s'abstenait, ces jours-là, de toute œuvre profane, voire même
de la lecture de son courrier. Il n'a fait qu'une seule exception
en ma faveur, et il me souvient encore qu'il la fit à son corps
défendant.

Le repos absolu de l'esprit, qu'il s'imposait ainsi périodiquement, avait pour lui un double but : retremper les puissances de
son âme par la pratique d'une journée de prières, et les forces
de son intelligence par la détente que produit l'oubli momen-
tané et absolu des études les plus ardues.

Il créa successivement la *Correspondance de Rome* et les *Analecta Juris pontificii*, deux publications trop connues et trop
estimées pour qu'il soit besoin d'en parler ici ou d'en faire
l'éloge. Entre temps, il publiait deux livres : *Pie VII et les
Jésuites* et *l'Unita italiana*. Un prélat français qui a fait grande
figure dans la ville éternelle pendant ces dernières années disait,
en parlant de ce second ouvrage : « Je n'ai jamais rien lu qui
m'ait donné la sensation d'une plus grande érudition. » C'est la
revendication, pièces à l'appui, des droits de souveraineté terri-
toriale du pontife romain. Quant au livre de *Pie VII et les
Jésuites*, il fut mis à l'index. Pourquoi? Peut-être, en lisant la réfutation qu'en a écrite le Père Sanguinetti, pourrait-on le savoir.
Quoi qu'il en soit, je crois qu'on a commis une exagération en
représentant Mgr Chaillot comme un fougueux ennemi des jé-

suites. La passion est venue, en cela comme en beaucoup de choses, grossir les faits au point de les dénaturer. L'âme du rédacteur des *Analecta* était incapable de haine aussi bien que de crainte. L'amour de la vérité historique lui a peut-être fait quelquefois oublier les réserves de la prudence ou les règles de la modération ; mais j'ai lieu de penser qu'il n'a jamais pris la plume pour assouvir une haine qu'il ne pouvait pas avoir, et moins encore pour défendre une cause qu'il aurait su mauvaise. Je ne saurais incriminer un homme dont les intentions m'ont toujours paru loyales, et qui, pour disposé qu'il était à combattre des adversaires — il n'avait pas d'ennemis — n'était pas moins disposé à leur tendre la main après la bataille, quel qu'en fût pour lui le résultat.

Je sais bien qu'on a parlé d'interpolation, de substitution de documents, de choses, en un mot, qui mettraient, si elles étaient vraies, sa bonne foi en suspicion. Je n'ose croire que mon docte ami mérite de telles insinuations, des accusations aussi graves. En tout cas, je laisse à l'histoire le soin d'éclairer, en son temps, des imputations que je tiens jusque-là pour erronées, je ne veux pas dire calomnieuses, le mot m'a paru trop grave.

C'est peu avant le concile de 1869, je crois, que Mgr Chaillot quitta momentanément Rome pour aller demeurer à Bruxelles. Quelle fut la cause de ce départ ? Je ne crois pas utile d'en faire la recherche, parce que je n'écris point une biographie et que je ne puis m'étendre davantage, au risque de grossir démesurément un avant-propos déjà trop long.

On a dit qu'au concile du Vatican il avait été anti-opportuniste, et que cette attitude avait déconcerté ses amis, qui le tenaient jusque-là pour un ultramontain résolu... Fut-il anti-opportuniste, à proprement parler ? Il ne me le sembla pas dans le seul entretien où il aborda ce sujet avec moi, à propos d'une visite à Rome du savant évêque de Diakovar, Mgr Strossmayer ; il me parut plutôt temporisateur.

Encore un mot et je termine. Je n'ai donné à ces souvenirs que leur texture, leur forme extérieure et littéraire. Le fond, aussi bien la matière du récit que les appréciations, est exclusivement l'œuvre de Mgr Chaillot. Il est juste, puisque je reproduis scrupuleusement l'œuvre du savant prélat, que je lui en laisse l'entière responsabilité. C'est sous le bénéfice de ces réserves expresses que j'ouvre enfin un manuscrit qui attendait depuis tantôt six ans l'occasion de paraître et que j'aborde résolument mon sujet.

I

Au commencement de 1846, tout le monde, à Rome, était
persuadé que Grégoire XVI mourrait vers le printemps de la
seizième année de son pontificat.

Il sortit pour la dernière fois le 19 mai, jour de l'Ascension,
et tint chapelle papale dans la basilique de Saint-Jean de
Latran. Après la messe, il gravit les degrés de la *Loggia* et y
donna la bénédiction *urbi et orbi*. C'était un spectacle vraiment émouvant de voir ce beau vieillard, au port grave et
majestueux, étendre les bras comme pour embrasser dans une
étreinte mystique la ville et le monde entier. Au même instant,
les cloches de l'antique basilique étaient mises en branle, et
six pièces d'artillerie tonnaient sur la place qui s'étend jusqu'à
l'église de Sainte-Croix de Jérusalem. De cette large espla-
nade, le regard étonné et ravi se promène à travers l'aride
plaine de l'*agro romano* et ne rencontre de toute part d'autres
limites à ce vaste horizon que la cime lointaine des monts
albains.

Du haut de la *Loggia*, on jeta ensuite par milliers des
feuilles imprimées du bref qui concédait la bénédiction papale,
et la foule les recueillit avidement comme un témoignage

authentique des faveurs spirituelles qu'elle avait reçues, une sorte d'accusé de présence à la cérémonie qui prenait fin.

Ce fut la dernière sortie du vénérable pontife. Le lendemain, il tombait malade et se mettait au lit pour ne plus se relever (1).

A propos de Grégoire XVI, il me revient une anecdote qui remonte à 1830 ; bien qu'elle soit une digression — j'en commettrai d'ailleurs cent autres dans le cours de mon récit — je n'en céderai pas moins à la tentation de la narrer.

C'était donc seize ans avant l'époque dont je vous parlais tout à l'heure ; Pie VIII vivait encore. Un jour que le cardinal Capellari, le futur Grégoire XVI, était agenouillé dans la basilique de Saint-Paul-hors-les-murs, à l'autel même où l'on conserve le crucifix qui a parlé à sainte Brigitte, la vénérable Anna-Maria Taïgi (2) se trouvait par hasard, priant elle aussi, dans la même basilique. Tout à coup, elle lève les yeux vers le lieu occupé par le cardinal et les fixe avec une expression de curiosité et de surprise. Convaincu qu'elle avait été favorisée de quelque vision céleste, son confesseur, en même temps son confident, lui enjoignit, au nom de l'obéissance, de lui révéler ce qui avait si fortement captivé son attention.

« C'est, dit-elle, le pape futur que j'ai vu dans la personne du cardinal.

— Et à quels signes, continua son interlocuteur, l'avez-vous reconnu ?

— J'ai aperçu, ajouta-t-elle, une troupe de colombes qui, l'une après l'autre, descendaient de la voûte de l'édifice et planaient successivement sur la tête de Capellari, portant chacune les attributs du pontificat suprême : la tiare, le pallium, l'encensoir, la mitre, la croix, le chapeau (3). »

(1) Il mourait le 1er juin, vers 9 heures du matin.

(2) Anna-Maria, fille d'un pharmacien de Sienne nommé Gianetti, naquit le 29 mai 1769. Son père s'étant ruiné, se réfugia à Rome en 1775. Le 7 janvier 1790, elle épousa Domenico Taïgi. domestique du prince Chigi. Huit enfants naquirent de cette union. Elle mourut en odeur de sainteté le 9 juin 1837 et peu après sa mort on mit à l'examen sa cause de béatification.

(*N. R.*)

(3) Ce fait est raconté au procès de béatification.

Dans la soirée du même jour, Rome apprenait que Pie VIII était gravement malade, et l'on pouvait déjà prévoir l'ouverture prochaine du conclave.

La même Anna-Maria Taïgi avait eu, dans une autre circonstance, une nouvelle révélation sur l'époque précise de l'élection de Grégoire XVI. Pendant le long conclave d'où Capellari devait sortir pape, cette vénérable, *qui n'a jamais eu d'illusion et dont les paroles n'ont jamais été démenties*, annonça que le saint-père serait élu à cinquante jours de là. A cet effet, elle eut recours à l'apologue suivant :

« Allez, dit-elle à son confident, allez au tour du conclave, vous demanderez le cardinal Barberini et vous lui direz qu'il peut encore accepter cinquante prises, une chaque jour, dans la tabatière de l'éminentissime Capellari. »

C'était une façon indirecte d'annoncer que l'élévation de Capellari aurait lieu à cinquante jours de là. La prédiction ne tarda pas d'ailleurs à se vérifier à la lettre. Mais Grégoire XVI ne comprit que plus tard alors le sens de l'apologue.

Dès que Grégoire XVI eut rendu le dernier soupir, les cardinaux reçurent communication d'un bref qui les dispensait de toutes les formalités du conclave à cause de l'imminence de la révolution, et les autorisait à faire l'élection dans la chambre même du pontife défunt (1). Si ce parti avait été suivi, le cardinal Lambruschini aurait été infailliblement élu.

Ancien clerc régulier de Saint-Paul, Lambruschini, avant sa nomination à la secrétairerie d'État, avait successivement rempli les fonctions de nonce à Paris, et d'archevêque à Gênes.

C'était un homme de beaucoup de valeur et fort spirituel dans la conversation. Toute sa politique, comme celle du prince de Metternich, avait consisté à retarder l'explosion révolutionnaire. « Après nous, le déluge, » telles sont les paroles qu'on lui prêtait à tort ou à raison.

En présence de l'avenir si sombre, les cardinaux ne savaient quel parti prendre. Les uns étaient d'avis qu'on usât du bref

(1) Voir pour ces cérémonies du conclave un article de M. Frédéric Masson dans la livraison de la *Revue Britannique* de mai 1891.

(N. R.)

de Grégoire XVI et qu'on hâtât l'élection. D'autres, et ce fut
le plus grand nombre, proposaient tout d'abord de consulter
le gouverneur de Rome avant de rien précipiter, pour savoir
s'il y avait péril ou non en la demeure. Ce dernier avis préva-
lut. On fit venir le gouverneur Marini, un prélat de beaucoup
de sang-froid, à la veille de recevoir la pourpre que lui méritaient d'ailleurs ses bons et loyaux services.

Celui-ci, interrogé par les cardinaux, leur répondit qu'on
exagérait trop un péril, certain à la vérité, mais dont l'imminence ne lui apparaissait pas.

« Vous avez tout le temps de faire les obsèques du pape,
ajouta-t-il, mais hâtez-vous, de grâce, hâtez-vous ! Et surtout,
que le prochain conclave soit court. »

A une époque où le télégraphe n'existait pas, cinq jours
entiers au moins étaient nécessaires pour que la nouvelle de
la mort du pape parvînt à Londres, siège du comité révolutionnaire. Puis il fallait se réunir, délibérer, envoyer ensuite
des ordres à l'Italie et enfin s'organiser. Pendant ce temps, le
pape était élu, et il prenait, dans sa sagesse, toutes les mesures
nécessaires pour éventer les complots ou en arrêter un commencement d'exécution. L'avis de Mgr Marini ayant donc prévalu, on procéda tranquillement à l'embaumement de Grégoire XVI. Les lettres de convocation aux cardinaux furent
lancées et la cérémonie des Novendiales s'ouvrit à Saint-Pierre.
Tout cela durait douze jours.

Je me rappelle avoir vu le corps du pape exposé dans la
chapelle du Saint-Sacrement ; les pieds dépassaient un peu les
grilles et des milliers de fidèles les venaient baiser dévotement
et contemplaient une dernière fois les traits du pontife. Avant
de raconter la suite des événements, laissez-moi jeter un coup
d'œil en arrière et vous décrire la situation où se trouvait
l'État pontifical par suite de la marche du temps bien plus que
par une série brusque d'événements inattendus.

A l'époque dont je parle, les réformes politiques s'imposaient parce que l'ancienne constitution avait été profondément
altérée. En 1815, le cardinal Consalvi crut bien faire de
prendre modèle sur Bonaparte. Il avait accepté, sans y

prendre garde, les rouages si compliqués et si coûteux de l'administration française, au lieu de restaurer la vieille organisation créée par Sixte-Quint, organisation qui avait procuré à Rome deux siècles au moins de paix et de prospérité.

Sixte-Quint, en effet, avait réduit le gouvernement central à sa plus simple expression. Il avait accordé de grandes libertés aux provinces et aux communes, sauf à l'article des contributions. J'ai dit sauf à l'article des contributions, car, par l'effet d'une sage prévoyance, les provinces et les communes ne pouvaient ni s'endetter, ni établir de nouveaux impôts. Quant à l'administration centrale, elle occupait à peine une vingtaine de personnes. Aussi les économistes de ce temps-là appliquaient-ils à l'organisation de Sixte-Quint le passage de la Bible où il est dit qu'en Palestine, au temps de Salomon : « Chacun vivait en paix sous son figuier, mangeant le lait et le miel qui découlaient partout de cette terre de bénédiction (1). »

Consalvi, sous couleur de soutenir l'arche sainte, prépara la ruine de l'État pontifical. Il ne comprit pas qu'il portait le désordre dans le Trésor en imposant le luxe de l'administration moderne à un gouvernement dépourvu de ressources nécessaires pour le soutenir. A partir de ce moment, les finances pontificales furent constamment en souffrance, sauf peut-être sous Léon XII, où l'on sut y remettre un peu d'ordre, grâce à l'habileté exceptionnelle du ministre Bélisario Cristaldi (2).

Le régime hypothécaire inauguré par Consalvi livra l'État pontifical aux juifs usuriers, les pires ennemis de l'humanité. L'ancienne législation étant abolie, on dut remanier sans cesse et à tout prix les vieux codes. Ainsi, par exemple, on n'accomplit pas moins de trois modifications essentielles de 1815 à 1848. Pie VII, c'est-à-dire Consalvi, Léon XII, Grégoire XVI, publièrent de nouveaux recueils de lois qui jetèrent l'incertitude, la confusion et l'anarchie dans toute

(1) Cette pensée a été développée par le savant cardinal de Lucca dans sa célèbre relation de la cour romaine, *Relatio Romanæ Curiæ*.

(2) Plus tard cardinal.

l'organisation judiciaire et dans plusieurs branches de l'administration.

Cet état de choses produisit un conflit perpétuel entre les droits romain et canonique, et la jurisprudence civile et criminelle qui se basait sur les lois de création récente. Pour mettre le comble à la confusion, les grandes puissances de l'Europe firent présenter, en 1831, à Grégoire XVI, le fameux *memorandum* où l'on conseillait au pontife de séculariser de plus en plus son gouvernement. Les ambassadeurs pouvaient-ils ignorer que le pape avait déjà appelé, pour remplir des fonctions mi-parties religieuses, mi-parties civiles, un plus grand nombre de laïques qu'il n'y avait d'ecclésiastiques et de *monsignori* dans les postes civils? Je me rappelle, en effet, avoir vu, en 1846 et 1847, nombre d'employés laïques dans les bureaux de la secrétairerie des Brefs et dans ceux de la secrétairerie d'État. J'en trouvai même dans les congrégations qui traitent de choses purement ecclésiastiques.

Grégoire XVI eut aussi le malheur d'ouvrir l'ère des emprunts auprès des Rothschild et autres banquiers juifs. Il y fut contraint à la longue par les dépenses considérables pour la construction de l'hospice Saint-Michel, bâti à la Ripa, sur les bords du Tibre, et dans lequel le cardinal Tosti répandit à profusion les marbres les plus rares et les plus chers. L'acerbe Pasquin, faisant parler le fleuve, appliquait aux auteurs de cette construction fastueuse le verset du psalmiste : *Supra dorsum meum fabricaverunt peccatores, prolongaverunt iniquitatem suam.* On assure même que pendant plusieurs années du pontificat de Grégoire XVI, on ne put, à cause de ces dépenses excessives, établir ni équilibrer le budget?... Je cite des bruits qui coururent alors à Rome, mais que je n'ai pu vérifier, bien entendu.

Tout à l'heure, je parlais du cardinal Consalvi, mort en 1824, c'est-à-dire bien avant l'époque dont j'ai pensé vous entretenir. En présence d'un homme de son importance, et de peur de l'oublier dans la suite de ce récit, je voudrais, sans plus tarder, vous dire tout ce que j'en sais, et achever ainsi d'esquisser à grands traits, si je puis, cette importante physionomie.

Certains historiens ont représenté Consalvi comme un réactionnaire intransigeant, un *sanfedista*. Profonde erreur ! C'est le contraire qui est vrai. Consalvi fut, à proprement parler, l'homme des concessions ; et cette tendance d'esprit le porta trop souvent, je crois, à renverser, sous le prétexte illusoire de les rajeunir, les anciennes institutions de l'État pontifical.

Depuis l'époque qui s'étend de 1815 à 1823, on sent qu'une réaction formidable contre la politique de Consalvi grandissait parmi les cardinaux, au sein même du sacré collège. Le chef de cette opposition était le cardinal Annibale della Genga, qui devait plus tard ceindre la tiare sous le nom de Léon XII. Un mémoire relatant tout ce qu'on reprochait au secrétaire d'État fut écrit par l'éminentissime Severoli, évêque de Viterbe (1), et communiqué par lui à ses collègues, notamment au cardinal della Genga. Severoli eut le courage de faire parvenir son mémoire directement à Pie VII, de passer ainsi par-dessus la tête du fameux ministre (2) et d'encourir sa disgrâce. Un autre homme devait, avec Severoli, partager les antipathies de Consalvi : c'était l'abbé Sala.

Antonio Sala, homme de grande distinction, commença sa carrière par être secrétaire de la légation de Caprara à Paris. Il y excita souvent les colères de Napoléon. Celui-ci, dans un moment d'humeur, lui jeta, dit-on, un encrier à la tête. Il ménageait, paraît-il, des surprises de cette sorte aux gens dont la figure ne lui revenait pas. Plus d'une fois, le dictateur le menaça de lui trancher la tête, et la frayeur qu'en ressentit Sala lui causa des tremblements nerveux pour le reste de ses jours.

En 1809, Pie VII, prévoyant sa prochaine déportation, établit à Rome un gouvernement secret pour régler les affaires urgentes. Sala fut placé à la tête de ce gouvernement, qui

---

(1) Severoli vivait comme un saint. Lorsqu'il mourut, la vénérable Anna-Maria Taïgi vit son âme aller droit au ciel sans passer par le purgatoire. Sur cent mille personnes qui moururent le même jour, la célèbre thaumaturge affirma que cinq seulement étaient allées directement en paradis. Severoli était un des cinq.

(2) Plusieurs exemplaires du mémoire de Severoli se trouvent dans les bibliothèques de Rome.

fonctionna pendant plusieurs mois. Mais la police napoléonienne ayant découvert la chose exila le pauvre Sala. Il se
réfugia dans une villa solitaire et inaccessible, un véritable
ermitage. C'est là qu'il vécut pendant cinq années, de 1809
à 1814, écrivant son fameux *Plan de réforme du clergé séculier et régulier*, qui est un véritable chef-d'œuvre digne d'être
lu et médité.

Dans sa retraite, Sala trouva encore le moyen de jouer à
Napoléon ce que celui-ci appelait un *mauvais tour*. Les cardinaux français et italiens de séjour à Paris étaient indécis s'ils
devaient assister au mariage de Napoléon avec Marie-Louise.
Ils envoyèrent consulter Sala. En deux jours, celui-ci rédigea
la décision motivée du cas de conscience. Il opinait naturellement pour la négative. Ce fut à partir de cette époque qu'on
distingua les cardinaux en cardinaux rouges et cardinaux
noirs. Tous ceux qui refusèrent d'assister au mariage reçurent
l'ordre de ne plus porter les vêtements rouges, signe distinctif
de leur dignité.

Lorsque Pie VII passa par Bologne en revenant de l'exil,
Sala vint le rejoindre et lui présenta en manuscrit son *Plan
de réforme*. Pie VII fut si frappé du travail qu'il attacha Sala
à sa suite, et ils rentrèrent ensemble à Rome, le 24 mai 1814.
Bientôt après, par ordre du pontife, on se mit en besogne
pour l'imprimer. Consalvi venait de partir pour le congrès de
Vienne. Mais le ministre veillait sur Sala ; il ne voulait à aucun
prix que son œuvre fût publiée. Apprenant donc qu'elle était
sous presse, il envoya l'ordre de détruire l'édition tout entière, et Pie VII laissa faire, soit qu'il n'en fût pas prévenu à
temps, soit peut-être qu'il n'osât pas s'y opposer.

Depuis ce moment, on sent que Sala, qui aurait pourtant
pu remplir les postes les plus importants, était complètement
tombé en disgrâce. Consalvi ne lui pardonnait pas de penser
autrement que lui. Depuis longtemps, l'opinion publique lui
donnait le chapeau de cardinal ; or, il n'était pas même prélat.

C'était un tout petit *monsignore*, et il n'eut avec ce titre que
le seul emploi de secrétaire des Rites, pendant tout le ministère Consalvi.

A la mort de Pie VII, Consalvi ne conserva pas sa place. La non-réélection équivalait à une disgrâce. C'est alors que Sala se vengea noblement des duretés qu'il avait essuyées de l'ancien secrétaire d'État : il alla, un des premiers, lui rendre visite dans sa retraite. L'ex-ministre, touché jusqu'aux larmes d'un acte digne d'une grande âme, accueillit Sala à bras ouverts et lui demanda pardon de l'avoir traité avec tant de rigueurs. L'humble abbé se confondit en excuses, s'estimant trop heureux d'avoir pu dissiper des préventions qu'il voulait absolument avoir encourues par sa faute.

Ni Pie VIII ni Léon XII ne pensèrent à tirer Sala de l'obscurité où sa timidité naturelle le tenait caché ; du moins, s'ils lui proposèrent la pourpre, Sala n'accepta pas cet honneur. Mais, un des premiers actes de Grégoire XVI fut l'élévation de Sala au cardinalat. Pendant dix années, cet homme éminent remplit Rome de son nom et en fut comme le second pape. Nommé préfet des Évêques et Réguliers, il réorganisa cette Congrégation et y élabora les nouveaux règlements qui s'y observent encore aujourd'hui. Il inaugura, notamment, la procédure suivie par rapport à la création des instituts religieux, et put donner un commencement d'exécution à ce *Plan de réforme* que, jusque-là, Consalvi l'avait empêché de publier.

Dans les derniers temps de sa vie, le cardinal Sala connut un ecclésiastique, jeune alors, du nom de Joachim Pecci. L'abbé demanda à voir le *Plan de réforme*, et le trouva si remarquable qu'il en prit copie. Ce devait être vers 1838, attendu que Sala mourut en 1839. Quatre ans plus tard, Joachim Pecci est envoyé internonce en Belgique. Quarante années se passent, et l'ancien internonce devient pape sous le nom de Léon XIII, glorieusement régnant. Il se rappelle le *Plan de réforme* et veut le relire ; mais qu'en a-t-il fait ? Il l'a perdu fort probablement. Il écrit au neveu du cardinal, le priant de lui en donner communication. Celui-ci n'avait en sa possession que la partie du mémoire qui avait été imprimée ; il se souvint cependant qu'après la mort de Sala les papiers de son oncle avaient été transportés aux archives vaticanes. Léon XIII ordonne aussitôt des recherches. Elles durèrent près d'un an et furent enfin couronnées de succès, puisqu'on m'assure que l'important manuscrit du cardinal vient d'être retrouvé (1).

Consalvi empêcha, dit-on, l'ordre de Malte de mettre ses services à la disposition de Pie VII, lorsqu'il fut rétabli dans ses États en 1815, et qu'il aurait eu besoin d'une force miliraire pour s'y maintenir en paix. L'ordre de Malte avait conservé des biens en Italie, en Allemagne, en Espagne, en Pologne et en Russie. Il aurait défendu gratuitement le pape et ne demandait en retour que la concession d'une petite ville voisine de Rome — par exemple, Frascati — afin d'y établir le siège de l'ordre aux lieu et place de l'île occupée par les Anglais. Un chevalier de Malte français écrivit un mémoire dans ce but; mais on ne donna pas suite au projet, et comme en ce temps-là Consalvi était tout-puissant, on peut supposer qu'il n'agréa pas la proposition et l'empêcha d'aboutir.

Un autre événement fâcheux pour la mémoire de Consalvi, c'est la banqueroute partielle qu'il occasionna dans les finances pontificales par la suppression arbitraire des deux cinquièmes de l'ancienne dette. Beaucoup de familles bourgeoises romaines y trouvèrent la ruine. C'était pour le moins une mesure inutile et impopulaire — comme l'avenir se chargea de le démontrer, alors que la dette publique était si peu élevée.

Plus tard, lorsque Napoléon se fut emparé des biens ecclésiastiques en Italie, ne voulant pas avoir l'embarras de défalquer sur les propriétés qu'il vendait la valeur des créances hypothécaires qui les grevaient, il fonda à Milan un *Mont-Napoléon* spécialement chargé de liquider et de rembourser ces

(1) A l'époque du choléra de 1837, le cardinal Sala se multiplia au point d'expier le repos forcé qu'il avait pris. Grégoire XVI le chargea de tout ce qui avait trait aux hôpitaux, et en temps d'épidémie, ce n'est pas, que je sache, une sinécure.

Le cardinal Sala avait un frère plus âgé que lui. Au temps où Pie VI était prisonnier à la Chartreuse de Florence, il avait été chargé par les cardinaux de porter à la signature du pape le bref qui dispensait le futur conclave de tenir à Rome ses assises. Cet homme d'une grande modestie fut toujours connu sous le nom d'*abbate Sala ;* il refusa tous les titres prélatices qu'on lui offrit et que lui méritaient d'ailleurs ses talents et ses vertus.

créances. Chaque gouvernement dut reprendre celles qui le concernaient. Il paraît que Consalvi montra une grande apathie dans le règlement de ces affaires, et la preuve c'est qu'on rencontre parfois encore des personnes qui détiennent quelques-uns des anciens titres qui n'ont jamais été soldés.

C'est sous le ministère de Consalvi que les Juifs furent dispensés de porter à leur chapeau le ruban jaune, signe distinctif de leur nationalité. Il y avait six cents ans environ que cette loi avait été portée contre eux par Innocent III.

Il n'est pas possible de terminer ces quelques notes d'histoire sur Consalvi, sans dire un mot de ses *Mémoires*.

Je sais qu'on refuse de donner aux *Mémoires* de Consalvi une créance absolue, notamment en ce qui concerne la signature du Concordat français de 1801. Il paraît certain, en effet, que le cardinal fut induit en erreur par des souvenirs inexacts.

Napoléon, suivant la ligne de conduite qu'il avait coutume de suivre, paraissait céder beaucoup de choses dans la délibération et, quand il s'agissait de signer définitivement, il contestait un par un tous les articles concédés, espérant ainsi, par cette tactique, fatiguer la patience de la partie adverse. C'est d'ailleurs de la sorte qu'il avait agi lors du traité d'Amiens, passé avec l'Angleterre. Il ne procéda pas autrement pour le Concordat qu'il voulait conclure avec le saint-siège. Lorsqu'on en eut péniblement élaboré tous les articles, on fixa la signature définitive à 5 heures du soir. Immédiatement après devait avoir lieu aux Tuileries un grand dîner où Napoléon réunissait tous les diplomates pour fêter cet heureux événement.

Or, le même jour, à 11 heures du matin, Consalvi reçut un billet de Bernier (1) le prévenant que le Premier Consul voulait revenir sur certains articles. D'autres billets furent écrits le même jour à Consalvi à 2 heures, à 4 et à 5 heures (2). Il n'y eut donc pas surprise à proprement parler. On s'aboucha inutilement sans pouvoir tomber d'accord. Le Consul était en

____

(1) Le fameux curé de Saint-Laud, à Angers, plus tard, évêque d'Orléans.

(2) Ces billets existent au ministère des affaires étrangères.

proie à une violente colère, mais Consalvi demeura impassible et ne céda rien. Le dîner n'eut pas lieu ce soir-là et fut renvoyé au lendemain. Vingt-quatre heures durant, les négociateurs discutèrent presque sans désemparer. Enfin le Concordat fut signé. Mon intention, en racontant ceci, n'est pas de justifier Napoléon, dont la bonne foi et la modération se trouvèrent souvent en défaut ; je voulais seulement, en rétablissant les faits, dire que le récit de Consalvi n'est pas toujours exact et répartir ainsi équitablement la somme de responsabilité qui incombe à chacun.

Quant aux articles organiques, ils sont de huit mois postérieurs au Concordat. Ils furent cependant publiés à Paris en même temps que lui, le jour de Pâques 1802. A cette nouvelle, Pie VII s'alarma. Il contremanda le *Te Deum* qui devait être chanté à Saint-Jean de Latran pour célébrer le rétablissement de la paix religieuse en France et le retour de la bonne harmonie entre les deux pouvoirs. On décida qu'un consistoire aurait lieu le plus tôt possible pour examiner de nouveau le Concordat et protester contre l'annexion des articles organiques. Une congrégation, dite *Congrégation du Concordat*, composée de douze cardinaux, fut constituée à cet effet. Elle se réunit le 18 mai au matin pour entendre lecture d'un promémoire de son secrétaire, où étaient examinés tous les incidents relatifs à la publication du Concordat à Paris ; à savoir : le serment qu'on fit prêter au cardinal Caprara, légat du saint-siège, la rétractation des évêques constitutionnels et les articles organiques. Il fut prouvé que le texte du serment prêté par le cardinal Caprara avait été modifié après coup et avait subi des interpolations, et que si les évêques constitutionnels refusaient de rétracter leurs serments, c'est qu'on leur faisait faussement entrevoir, comme conséquence, leur déchéance du siège qu'ils occupaient, déchéance prononcée contre eux par Napoléon. Ils se rétractèrent néanmoins implicitement, en déclarant se soumettre à tout ce que le saint-siège avait décidé à propos du schisme constitutionnel, et s'ils ne demandèrent pas l'absolution des censures qu'ils avaient encourues, du moins l'acceptèrent-ils avec reconnaissance.

La Congrégation du Concordat admit donc en principe que Rome ne pouvait sanctionner de son autorité les articles organiques et, bien qu'elle reconnût que quelques-uns étaient encore conçus dans un esprit meilleur et plus libéral que telles anciennes ordonnances des rois de France (1), elle décida cependant que le pape, tout en acceptant le Concordat, devait protester contre l'adjonction des articles organiques.

Le jour de l'Ascension, à Saint-Jean de Latran, on chanta le *Te Deum* pour l'heureuse issue des démarches faites par Caprara en vue du rétablissement de la religion en France, et l'ambassadeur Cacault donna le soir, à cette occasion, un grand dîner diplomatique. Peu de temps après, le 24 mai, Pie VII éleva la voix en consistoire public, protestant que sa bonne foi avait été surprise et qu'il ne reconnaissait nullement *des articles organiques* dont il avait, d'ailleurs, jusqu'à ce moment, ignoré l'existence.

Napoléon, qui sut tout le bruit que ces affaires avaient fait à Rome et le retentissement qu'elles avaient eu dans l'univers catholique, aurait bien voulu connaître dans leur détail les délibérations prises en conseil des cardinaux. Aussi, lorsqu'il eut envahi l'État pontifical en 1809, songea-t-il à faire transporter à Paris les archives du Vatican et à les déposer à l'hôtel Soubise, où sont aujourd'hui nos archives nationales. Il ordonna particulièrement de minutieuses recherches dans tous les dossiers concernant les affaires de France. On omit, dans cette expédition des papiers à Paris, les cartons du cardinal Gerdil, décédé en 1803; or, Gerdil avait été préfet de la Congrégation spéciale créée par Pie VI au moment des troubles de la Révolution. Dès que les négociations qui aboutirent au Concordat s'ouvrirent entre le pape et Napoléon, Pie VII se souvint que Gerdil était resté à Venise après le conclave. Il le fit venir à Rome, où il devint l'âme des négociations. On conserve encore aujourd'hui, au couvent des Barnabites, à San-Carlo-de-Catinari, le mémoire que l'illustre cardinal rédigea de sa propre main, mémoire qui analyse et qui discute chaque

(1) Ainsi, par exemple, le décret de Louis XI, punissant de la peine de mort quiconque allait à Rome sans la permission du roi.

point du Concordat et des articles organiques, ainsi que le discours de Portalis au Corps législatif.

On lit, dans ce mémoire, entre autres choses, que le discours de Portalis n'aurait point été renié par un hérétique et que les articles organiques sont l'attentat le plus audacieux commis contre l'Église depuis les origines du christianisme.

En 1809, la police de Napoléon à Rome ne découvrit pas ces papiers, dont elle ne soupçonnait peut-être pas l'existence. On les avait cachés dans une mansarde en les couvrant de sarments. Ils furent plus tard retirés de là, mais on ne les classa qu'en 1850. Ils forment environ soixante volumes in-folio.

Après m'être laissé entraîner à cette longue digression sur Consalvi, pour mieux faire connaître le personnage qui avait joué un si grand rôle dans l'État pontifical et avait préparé, de loin, sans le savoir, la révolution qui devait s'opérer en 1848, je reviens à mon premier sujet. Au moment donc où mourait Grégoire XVI, Rome était horriblement travaillée par les carbonari, qui faisaient afficher chaque nuit, sur les murs, des placards incendiaires annonçant à bref délai le massacre général des cardinaux, des moines et de tout le clergé. Cependant, d'après le conseil de Mgr Marini, le conclave avait été décidé et l'on avait envoyé à tous les membres du sacré collège des billets signés du camerlingue, le cardinal Riario Sforza, l'oncle du cardinal archevêque de Naples.

Le dimanche 14 juin, vers le soir, les *Porporati* se rendirent à l'église de Saint-Sylvestre, sur la place du Quirinal, et partirent de là processionnellement vers le palais où le conclave devait se tenir. On avait préalablement muré les fenêtres de la *Loggia*. Les deux entrées du palais donnant accès sur la place du Quirinal et du côté des *Quattro-Fontane* étaient aussi murées.

Ce bâtiment ayant été spécialement construit pour le conclave (1), on en fit déloger tous ceux qui l'habitaient en temps

(1) Il n'avait alors que deux étages. Lorsque les Piémontais s'en sont emparés en 1870, ils l'ont fait élever d'un étage. On prétend que jamais un roi d'Italie occupant le Quirinal ne verra le pape mourir. Le fait s'est vérifié pour Victor-Emmanuel ; il sera curieux de remarquer s'il se vérifie pour son fils Humbert.

ordinaire : le maître du sacré palais et son entourage, Mgr le Sacriste, les officiers de la garde suisse et les autres. A partir du jour où les cardinaux furent enfermés au Quirinal, une confrérie de Rome allait deux fois par vingt-quatre heures à la porte du conclave demander si le pape était élu et, sur la réponse négative, priait qu'on en hâtât l'élection. Deux fois par jour, vers midi et 7 heures, le peuple s'assemblait en foule aux abords de la place pour voir si le petit tuyau extérieur d'une sorte de poêle allait fumer. On brûlait, en effet, les bulletins de vote, et la fumée qu'ils répandaient était l'indice que l'élection demeurait pendante.

Le 16 au soir, la fumée ne sortit pas comme à l'ordinaire. Une grande rumeur s'étendit alors dans tout Rome, annonçant qu'un pape était élu. Qui était-ce ? Nul ne le pouvait encore savoir. Les gardes suisses répandirent le bruit que le choix était tombé sur le cardinal Ghizzi, l'ancien nonce de Suisse. La nouvelle fit rapidement le tour de Rome et on la tint pour certaine jusqu'au moment de la proclamation.

Sur quoi donc avait-on pu baser, au dernier moment, une supposition que ne vérifièrent pas les événements? Un fait bien simple lui avait donné naissance. Ce fait, le voici : Il est d'usage, avant l'entrée en conclave, de confectionner trois vêtements pontificaux de mesures différentes, pouvant s'adapter à la stature de la plupart des cardinaux. Or, le 16, on demanda l'habit de taille moyenne, et la garde suisse, prenant son désir pour la réalité, prétendit que Ghizzi seul pouvait le revêtir. Les suppositions allèrent bon train par les rues de Rome ; elles grossirent même chemin faisant et, dans la soirée, elles avaient pris une telle consistance qu'on aurait parié cent contre un pour l'élection de l'ancien nonce de la Confédération helvétique.

Dès l'ouverture du conclave, le cardinal Lambruschini s'en fut visiter dans sa cellule l'Éminence Micara, doyen du sacré collège en même temps que préfet de la Congrégation des Rites, et lui demanda qui, d'entre eux, serait, à son avis, le pape futur.

« Si le diable fait l'élection, lui répondit malicieusement

l'ancien moine de Saint-François, ce sera vous ou moi ; si l'esprit de Dieu y préside, nous aurons Mastaï-Ferretti. »

Malgré la brièveté du conclave, les pasquinades les plus risquées inondaient la ville. On représentait Grégoire XVI en voyage pour le ciel, sans pouvoir y arriver.

« Comment, disait Pasquin à Marforio, comment se fait-il que le pape défunt soit toujours en route pour le paradis ? »

Et Marforio de répondre :

« C'est sa faute ; il n'aurait pas dû défendre la construction des chemins de fer dans ses États. »

Grégoire XVI, paraît-il, s'y était opposé ; il regardait les machines à vapeur comme une invention diabolique ! Ce genre de locomotion, au moins à ses débuts, pouvait bien exciter des défiances très plausibles, et je n'en voudrais point faire un grief contre le souverain pontife. Quelques jours plus tard, on représentait les cardinaux soi-disant réactionnaires pourchassant une colombe qui planait au-dessus de la tête de Mastaï-Ferretti.

Chaque jour, pour tuer le temps, les désœuvrés composaient ou recueillaient une nouvelle pasquinade plus ou moins spirituelle ; cela leur tenait lieu d'occupation et suffisait à leur félicité. L'élection de Pie IX fut déterminée par les jeunes cardinaux, anciens élèves du séminaire romain, le cardinal Altieri à leur tête. Ils voulaient un pape libéral dans la bonne acception du mot, capable de désarmer les révolutionnaires. Pour moi, qui ai vu de près la situation, je pense que Pie IX, par ses sages concessions, empêcha bien des maux, peut-être même un massacre général du clergé. Le cardinal Mastaï passait alors pour un libéral prononcé. Ses frères et ses neveux avaient été exilés à cause de leurs opinions. L'aîné de ses frères, incarcéré par Pie VII au château Saint-Ange, y était demeuré trois ans. Le futur pape, lui-même, alors qu'il était évêque d'Imola, avait vu placer sous la surveillance de la police son propre palais, qu'on tenait pour le rendez-vous de tous les libéraux des légations. Il existe encore, sur la place d'Espagne, un vieux prélat dont le frère était ministre de l'intérieur sous Pie IX et qui a retrouvé, dans des papiers de famille, des lettres du cardinal-évêque d'Imola où celui-ci ne

fait point mystère de ses aspirations libérales et où il raconte,
en plaisantant, qu'à cause de cela on garde à vue son propre
palais. Bien avant l'époque dont je parle, la phrase suivante
était déjà passée à l'état de proverbe : « Dans la maison Mastaï-Ferretti, les chats mêmes sont libéraux », *Nella casa Mastaï Ferretti, anche i gatti sono liberali.* Au moment de l'élection de Pie IX, il y eut une fermentation telle, dans toute
l'Italie, qu'elle ne tarda pas à gagner la France et hâta la chute
de Louis-Philippe.

M. de Cormenin publiait alors (1846), à Paris, une brochure pleine de verve, dans laquelle il annonçait que les cardinaux venaient d'élire un pape libéral, grand ami de la liberté
de l'Église. Il s'élevait, à ce propos, avec beaucoup de justesse
contre l'oppression du clergé de France par le gouvernement,
stigmatisant, comme elle le méritait, la ridicule frayeur du roi
contre les prétendus empiétements de l'Eglise.

Le 17 juin 1846, je me rendis sur la place du Quirinal dès
8 heures du matin. Vingt mille personnes y étaient déjà réunies pour assister à la proclamation du nouveau pontife. J'avais
la bonne fortune d'être près du palais, et, au milieu de l'ex-
pectative et du silence universels, j'entendais distinctement les
coups de marteau attaquant le mur de briques qui fermait la
Loggia. Lorsque l'ouverture fut suffisante pour donner passage
à un homme, je vis apparaître le camerlingue Riario Sforza.
Un grand silence régna, en ce moment, parmi la foule et le
cardinal lut à haute voix la formule traditionnelle : « Je suis le
messager d'une grande joie ; nous avons un pape, le cardinal
Mastaï-Ferretti, qui a pris le nom de Pie IX (1). »

Le nom de Mastaï-Ferretti, comme celui d'un inconnu, passa
de bouche en bouche au milieu de l'immense assemblée sans
provoquer de satisfaction apparente. C'était pour l'élu un
accueil un peu froid. Bientôt tous les cardinaux arrivèrent à
la Loggia, Mastaï-Ferretti le dernier. Il me souvient qu'il était
fort ému et je le vis s'essuyer les yeux à plusieurs reprises.

(1) *Annuntio vobis gaudium magnum : Papam habemus Eminentissi-
mum ac reverendissimum Dominum Joannem Mariam Mastaï Ferretti
S. R. E. presbyterum cardinalem, qui sibi nomen imposuit Pius IX.*

Alors seulement éclatèrent des *evviva*, mais sans cet enthousiasme qui salue d'ordinaire l'avènement d'un homme déjà mis en relief avant l'élection et qui devient le chef spirituel de tant de millions de catholiques.

Toutefois, l'allégresse fut grande au palais Colonna. Les Colonna étaient dévoués au jeune cardinal, qui leur avait témoigné maintes fois une constante affection. Jeune abbé, alors qu'il accompagnait au Chili M⁶ʳ Muti en qualité de secrétaire de légation, il n'oublia pas les Colonna. A son retour, parmi les objets rares qu'il rapportait des lointains pays, se trouvait un superbe perroquet à l'adresse de Mˡˡᵉ Claire Colonna. Cette attention lui valut deux sonnets de la jeune Claire, poétesse distinguée, qui tira pour lui de sa lyre les accents les plus mélodieux.

Vers 5 heures du soir, le jour de son élection, le nouveau pape sortit du Quirinal pour aller prendre possession de Saint-Pierre. Après l'adoration des cardinaux, on brûla devant lui, selon le cérémonial, une étoupe de lin en prononçant ces paroles : « Ainsi passe la gloire du monde (1). »

Le défilé du Quirinal à Saint-Pierre fut magnifique et le plus beau que j'eusse jamais vu jusqu'alors. Tous les cardinaux, les ambassadeurs, les princes, avec trois voitures de gala chacun, précédaient le pontife, monté, lui, dans un carrosse doré et que traînaient six chevaux noirs comme jais (2).

Quelques jours après, le dimanche 21 juin, eut lieu, à Saint-Pierre, la cérémonie du couronnement ; après quoi, le pape retourna au Quirinal sans passer par le Vatican.

On a dit que les ancêtres de Pie IX étaient israélites (3). Au siècle dernier, raconte-t-on, un juif, du nom de Mastaï, fréquentait les foires fameuses de Sinigaglia. Il y fit la connaissance de la comtesse Ferretti, qui s'éprit de lui, le fit baptiser et l'épousa. Telle serait l'origine des comtes Mastaï-Ferretti. Aussi, quand les rabbins d'Europe apprirent l'élection de Pie IX, on prétendit qu'ils lui envoyèrent une adresse collec-

---

(1) *Sic transit gloria mundi.*

(2) Pie IX avait pris Ghizzi pour secrétaire d'État.

(3) Est-ce vrai ?

tive pour le complimenter et se réjouir avec lui de son élévation au souverain pontificat.

· La prise de possession, par Pie IX, de Saint-Jean de Latran
n'eut lieu que le 8 novembre. Au matin de ce jour, pour ré-
chauffer l'enthousiasme populaire, sujet à des fluctuations souvent bizarres, on publia l'ordonnance qui prescrivait les études
préparatoires à la construction d'une voie ferrée au travers des
États. La cérémonie se passa comme toutes les cérémonies de
prise de possession, au commencement d'un nouveau pontificat. A cette occasion, toute la cour pontificale, au complet,
montée à cheval, revêtue des costumes du moyen âge, se
rendit par un chemin triomphal vers la basilique patriarcale.
Le pape seul était en voiture. Autrefois, le pape lui-même
montait un superbe coursier ; mais, depuis l'aventure arrivée
à Clément XIV en gravissant le Capitole, on avait substitué au
coursier un carrosse. Clément XIV, en effet, était tombé de
cheval et si pesamment, qu'on put le croire grièvement blessé.
Mais lui se releva seul et dit, en souriant, à son entourage :
Non c'è contusione, ma confusione, « J'ai plus de confusion
que de contusion ».

Au début du règne de Pie IX, l'amnistie paraissait s'im-
poser. Elle fut son premier acte et prévint la révolution qui,
à partir de ce moment, fut toujours à la veille d'éclater. La population réclamait à grands cris : « L'amnistie ! l'amnistie ! »
Les premiers courriers qui circulèrent dans Rome furent
d'abord bien reçus ; mais on leur barra bientôt le chemin, et
le jour vint où on leur déclara net et clair qu'on leur ferait un
mauvais parti, s'ils ne rapportaient avec eux la nouvelle de
cette amnistie si impatiemment attendue.

Effrayés des menaces, les courriers n'osèrent plus sortir ;
ils ne reprirent effectivement leur service qu'après que le décret eût été publié. Depuis lors, on n'entendit plus que des
vivats répétés ; Pie IX sortait-il, on l'acclamait partout et sur
tout le parcours, comme ne le fut jamais aucun souverain.
C'était un chemin de fleurs couvrant un abîme. Un hymne
triomphal fut même composé en l'honneur du roi-pontife :

Del nuovo anno già l'alba primiera
Di Quirino la stirpe ridesto
Benedetta la santa bandiera
Ch'il Vicario di Cristo in nalzo
Viva Pio ! ! !

Des rumeurs publiques reprochaient déjà aux mazziniens de crier : *vià, Pio* (1), au lieu de : *viva Pio ;* or, ils avaient juré fidélité au pape au moment même de son avènement, en communiant de sa main. Les événements se chargèrent plus tard de prouver la duplicité de ces sectaires, qui n'avaient adopté la tactique du mensonge que pour conduire à bonne fin leurs ténébreux complots.

Par toute l'Italie, une fermentation extraordinaire s'opérait dans les esprits. C'était le moment où l'abbé Gioberti publiait deux volumes de nature à mettre le feu aux poudres : *Il primato Civile e morale italiano* et *Il Gesuità moderno*. Exilé du Piémont à cause de ses idées trop libérales, il vint à Rome et fut reçu avec acclamation ; et, en mémoire de cet événement, on ne crut pouvoir faire moins que de donner son nom à une des rues de la ville.

A la même époque, Ventura prononçait l'oraison funèbre d'O'Connell et débitait des théories qui n'étaient pas de nature à calmer les esprits. Puis la révolution mettait à profit les moindres circonstances et préparait d'avance le terrain, pour agir avec plus de sûreté quand le moment serait venu. Ce moment n'était malheureusement pas loin.

Peu de semaines après la proclamation de l'amnistie par Pie IX, au mois de juillet 1846, les libéraux s'emparaient de la presse et créaient des journaux (2). Sterlini fit paraître le

(1) Va-t'en, Pie !

(2) Le cardinal Antonelli était opposé à la liberté de la presse. Il disait plaisamment que les journaux de Rome ne devaient enregistrer que l'annonce des chapelles papales et les nouvelles de la rébellion chinoise. Il passait pour ne jamais ouvrir un livre, bien qu'il fût très fin et très spirituel. Berardi, l'ancien professeur de droit canon, son substitut, mort plus tard cardinal, porta tout le poids des affaires pendant la longue administration du cardinal Antonelli.

Contemporaneo, « le Contemporain ». Terenzio Mamiani, philosophe poète, créa son *Epoca*. Puis vinrent successivement la *Pallade*, petite feuille quotidienne à 1 baioque ; le *Cassandrino*, journal humoristique, couronné d'abord de beaucoup de succès, mais qui coûta cher à son directeur Ximénès, puisqu'il lui valut d'être assassiné ; le *Labaro*, dans lequel fit ses premières armes M⁏ᵉʳ Ciccolini, aujourd'hui sous-bibliothécaire au Vatican (1). Ce dernier périodique ne subsista que quelques mois.

Le premier journal français qui parut à Rome fut *le Capitole* (2). Il avait pour fondateur un médecin provençal, Durand de Cassis, avec deux collaborateurs, l'un Suisse, l'autre Italien, ce dernier nommé Battelli. On dit que les premiers fonds nécessaires à la création du *Capitole* furent versés par Mᵍʳ Bédini, alors employé dans les bureaux de la secrétairerie d'État, mort quelques années plus tard cardinal-évêque de Viterbe.

Le Capitole ne vécut pas longtemps, faute d'abonnés. Le secrétaire de la rédaction n'avait pas d'autre moyen d'information que d'aller chaque jour, au café du *Gesù*, copier des nouvelles qu'on dénichait dans le *Journal des Débats*. *Le Capitole* essaya d'échapper au sort qui le menaçait, en publiant quelques numéros en français et en italien ; mais des querelles entre les trois fondateurs hâtèrent la chute de cette feuille, qui avait vécu trois mois à peine.

Le *Costituzionale Romano* et la *Correspondance de Rome* attendirent sagement, pour paraître, le bref de Pie IX du 1ᵉʳ juin 1848, qui accordait la liberté de la presse en matière politique.

Le *Costituzionale Romano* fut fondé par un Français, le comte de Malherbe. Ce journal annonça hautement son intention de demeurer le dévoué serviteur de la papauté, et nous le vîmes en effet, fidèle à son programme, combattre le ministère Mamiani, à la veille de la révolution de novembre. Les principaux articles étaient rédigés par M. Ferretti, parent de Pie IX.

(1) Remplacé depuis par Mᵍʳ Carini. Celui-ci vient de mourir.

(2) Ce journal portait gravé en tête l'escalier du Capitole avec ses statues et la façade du bâtiment.

Un ancien nonce de Suisse, le cardinal d'Andrea, alors secrétaire de la Congrégation du concile, et M. l'abbé Richard,
étudiant à Rome, devenu depuis cardinal-archevêque de Paris,
proclamaient depuis longtemps la nécessité d'un journal français qui publierait, en même temps, les intéressantes décisions
de la Congrégation du concile. Ces observations étaient trop
justes. Elles firent naître l'idée qui présida à la création de la
Correspondance de Rome.

Ce journal entra fort humblement dans la carrière. Le
comte de Malherbe indiqua aux rédacteurs, comme corres-
pondants de Paris, les libraires Sagnier et Bray, maison qui
exista depuis sous la raison sociale Bray et Retaux.

Battelli, l'ancien collaborateur du *Capitole*, fut le premier
administrateur de la *Correspondance*. On expédia un certain
nombre de numéros spécimens, où l'on annonçait que le non-
renvoi du numéro était considéré comme une adhésion impli-
cite. Le correspondant de Paris communiquait, dans chacune
de ses lettres, l'adresse de ceux qui acceptaient la feuille et le
nom de ceux qui la refusaient. Or, que faisait Battelli, qui ne
comprenait rien à la langue française et feignait de l'entendre?
Il considérait comme abonnés ceux qu'il aurait dû effacer, et
effaçait impitoyablement les véritables abonnés. Il en résulta
une confusion inextricable, bien propre à faire échouer à ses
débuts une œuvre si louable.

Ce ne fut pas tout encore. On avait eu le malheur de confier
l'impression de la feuille à Monaldini, un homme dont les
finances n'étaient guère prospères. Monaldini était souvent
sans le sou ; il fallait toujours lui avancer l'argent nécessaire
pour l'achat du papier, quelquefois même pour les frais du ti-
rage. C'était une trop forte tentation pour un homme criblé
de dettes, et de dettes criardes ; aussi, plus d'une fois, le numéro ne parut-il pas ; l'argent avait pris un autre chemin et
reçu une destination qu'ignorait le gérant. Cette situation précaire dura jusqu'au mois de novembre 1848, époque où le
journal fut confié aux soins de l'imprimeur Bertinelli, viâ
Sistina.

Je trouverai plus tard l'occasion de vous parler de la *Cor-*

respondance de Rome et de la *Revue*, qui lui succéda. Bien que ces événements soient déjà loin de moi, le souvenir s'en retrace facilement à mon esprit dans les moindres détails ; et, à quarante années de distance, j'éprouve un charme indéfinissable à en parcourir les étapes. Elles entreront bientôt dans le domaine de l'histoire, parce que la génération qui les aura vu s'accomplir aura disparu.

II

Événements qui précédèrent la révolution romaine. — *Il Statuto.* — Création du conseil municipal. — La garde nationale. — Metternich et la révolution de Vienne. — *Non posso, non devo, non voglio.* — Le consistoire du 30 avril 1848. — Rosmini. — La révolution de novembre. — Le ministère Mamiani.

Tous ceux qui, dépouillant des illusions trop optimistes, considéraient avec attention le mouvement que la révolution opérait dans les esprits, comprenaient sans peine que l'ancienne forme gouvernementale romaine devait entrer dans une voie nouvelle et ouvrir la porte aux transformations nécessaires. L'effervescence grandissait alors dans toute l'Italie, et la révolution de février (1848), qui venait d'éclater à Paris, n'était pas de nature à calmer dans le reste de l'Europe les esprits trop vivement agités par un besoin irrésistible de nouveautés.

Vienne et Berlin allaient en ressentir le contre-coup fatal ; et le roi de Prusse aussi bien que l'empereur d'Autriche ne se doutaient guère encore qu'ils seraient contraints de chercher leur salut dans la fuite.

A ce moment, le roi de Naples, Ferdinand II, donnait à ses États une charte constitutionnelle ; Charles-Albert fit de même dans le Piémont, et le grand-duc de Toscane promit, à son tour, de suivre cet exemple. Pie IX, lui aussi, ressentait les atteintes de la tourmente révolutionnaire ; on le mettait en demeure d'établir dans les États pontificaux le gouvernement représentatif.

Comme il ne s'agissait de rien moins que de changer la forme gouvernementale établie depuis tant de siècles, le pape fit assembler les théologiens et les consulta sur la possibilité de concilier la constitution politique de ses États avec un gouvernement parlementaire. Les théologiens, après mûr examen, admirent qu'il lui était licite d'opérer cette transformation. A quoi bon d'ailleurs argumenter, la nécessité était à la porte et s'imposait presque à l'égal d'un fait accompli. Les cardinaux se réunirent à leur tour et partagèrent l'avis des théologiens. Refuser la constitution parlementaire, c'était vouloir refouler un torrent irrésistible. Rome, du même coup, eût été mise à feu et à sang.

En vertu de la nouvelle charte, *il Statuto*, on constitua deux Chambres : *l'Alto Consilio*, nommé par le pape, sorte de Sénat modérateur et conservateur, dans lequel entrèrent bon nombre de prélats romains, et la Chambre des députés, *Camera de deputati*, constituée par un choix d'électeurs, le suffrage universel n'existant pas plus alors qu'il n'existe encore en Italie.

Les Chambres se réunirent au mois de juin et fonctionnèrent jusqu'au moment de l'exil de Gaëte. Deux ans plus tard, à son retour à Rome, Pie IX suspendit la mise en pratique du *Statuto*, mais il s'abstint de le révoquer, de sorte qu'il continua d'être l'état politique de droit, sinon de fait.

Cependant le *Statuto* ne fut pas la seule réforme de Pie IX. Ce fut à cette époque qu'il institua le conseil municipal de Rome. Jusque-là, il n'y avait pas eu de conseillers municipaux élus par la population, pour représenter la ville. Le pape nommait un sénateur édile, lequel, avec un certain nombre d'employés sous ses ordres, était chargé de la gestion des intérêts publics. Ce sénateur figurait dans les cérémonies, ouvrait le carnaval sur le Corso, allait aux chapelles papales et avait entrée au consistoire public (1).

La *consulte des finances* devint le germe d'où sortit la Chambre des députés. Les conseillers furent pris dans toutes les provinces des États pontificaux, mais ils n'avaient que voix consultative. Cette *consulte* remplaça l'ancien collège

____

(1) Si mes souvenirs sont exacts, le dernier sénateur, avant la création du conseil municipal, fut le prince Corsini.

des clercs de la Chambre apostolique, *chierici di Camera*, qui jusque-là s'étaient occupés des finances.

On se tromperait beaucoup si l'on croyait qu'avec le nouvel ordre de choses les clercs de la Chambre apostolique furent supprimés ; ils existent encore aujourd'hui. A Rome, quand une institution devient surannée et caduque, on en crée une nouvelle sans détruire l'ancienne ; l'ancienne est alors honoraire et bénéficie d'un traitement sans avoir de charge à exercer, tant on a, dans la ville sainte, l'esprit conservateur et le culte des traditions ! Actuellement encore, le trésor pontifical verse les 72 000 francs qui sont répartis entre les douze *chierici di Camera*.

L'ancienne administration, antérieure au concile de Trente, a été également conservée en grande partie, quoique la plupart des attributions qui y étaient attachées aient passé à des congrégations de cardinaux.

Nous pouvons citer parmi ces sinécures l'office d'auditeur de la Chambre apostolique. Autrefois, l'auditeur de la Chambre apostolique jugeait en appel les affaires criminelles qui étaient déférées à son tribunal. En 1800, Pie VII, en vertu de la bulle *Post diuturnas*, chargea la Congrégation des Évêques et Réguliers de recevoir les appels. Cependant, l'auditeur de la Chambre apostolique existe encore et fait grande figure dans la cour romaine ; il est un des quatre prélats *di fiochetti*, c'est-à-dire qui ont le privilège d'orner d'un pompon vert la tête des chevaux de leur équipage.

Je pourrais en dire autant des votants de la signature, des référendaires de grâce et de justice, etc.

La garde nationale, *civica*, fut instituée au mois de juillet 1847. Elle naquit à la suite d'une prétendue conspiration autrichienne contre la politique de Pie IX. Au premier bruit de cette feinte conspiration, le chef de la police Nardoni, le colonel de gendarmerie Allaï et d'autres encore furent arrêtés, incarcérés au fort Saint-Ange, et, ce qu'il y a de déplorable, c'est qu'on leur fit faire deux ans de prison préventive sans poursuivre leur procès. Il faut encore plus accuser les temps que les hommes d'avoir été complices de cette injustice. Nos prisonniers innocents ne furent délivrés qu'en juillet 1849, à l'époque de l'entrée des Français à Rome. Je reviendrai plus tard sur Allaï, qui joua un grand rôle et un rôle peu connu à l'époque de la révolution romaine.

Lorsque la garde nationale eut été instituée, elle adopta l'ancien casque des empereurs romains. Ils furent tous fabriqués par un Français nommé Fancillon, qui résidait au numéro 51 de la place d'Espagne, et qui, m'assure-t-on, fit sa fortune dans ce genre d'industrie. On avait placé des corps de garde dans tous les quartiers de la ville. Malheureusement, la garde nationale, au lieu de remplir le but pour lequel elle avait été créée, passait son temps à faire des démonstrations politiques tantôt place Colonna, tantôt place de Venise, tantôt place du Quirinal où Pie IX continuait à résider.

Chacune des réformes ou des nouvelles institutions de Pie IX était l'occasion d'ovations nouvelles. A peine le pape sortait-il dans les rues qu'on l'acclamait avec enthousiasme. Les vieillards versaient des larmes de tendresse et les jeunes gens dételaient les chevaux de sa voiture pour la traîner eux-mêmes. C'étaient des démonstrations quotidiennes, un triomphe renouvelé chaque jour. Souvent la foule se portait au Quirinal et réclamait Pie IX, qui devait, pour la satisfaire, paraître à la Loggia et lui donner la bénédiction. Le vieux Bouisse, le fondateur de l'hôtel de *la Minerve*, me disait alors en soupirant : « Il me semble revoir les premières années du règne de Louis XVI ! »

Ces heureux temps allaient bientôt finir. Louis-Philippe venait d'être précipité de son trône ; Vienne et Berlin, dont les révolutionnaires donnaient la main à ceux de Paris, voulurent les imiter jusque dans cette modération relative avec laquelle ils respectèrent la vie humaine. Le massacre ne fut pas mis à l'ordre du jour à Paris; Vienne et Berlin crurent devoir faire comme à Paris. J'ai lu la confirmation de ces observations dans trois remarquables articles intitulés : *les Vraies Causes de la révolution autrichienne,* publiés à Munich en septembre 1848, articles dus à la plume de Yarck, conseiller aulique et collaborateur de Metternich.

Le Prussien Yarck était né de parents protestants. On dit qu'il dut sa conversion aux circonstances suivantes : il vint à Vienne chargé d'une mission diplomatique, et pendant qu'il faisait antichambre chez Metternich, il y admira longtemps une madone, merveilleuse œuvre d'art. Il se sentit attiré par un attrait irrésistible vers une religion dont les saints ont une expression si au-dessus de toute conception humaine et se convertit. Comme il ne pouvait plus retourner à Berlin, Metternich le fit nommer membre du conseil aulique.

Il serait injuste d'imputer à Metternich le triomphe de la révolution autrichienne. Tout-puissant dans les affaires diplomatiques étrangères, le célèbre homme d'État était sans influence aucune sur la direction des affaires intérieures entièrement du ressort de Kollovrat. Plus que personne Metternich déplorait la défiance ridicule de Kollovrat vis-à-vis de l'Église qui l'empêchait de comprendre que seule l'idée religieuse est capable de dompter la révolution.

Détester la révolution ou redouter l'Église, ou bien en retournant la formule détester l'Église et redouter la révolution, voilà, dit Yarck, la devise du gouvernement autrichien depuis 1815. A la nouvelle de la révolution de Vienne, Milan se souleva et obligea la garnison autrichienne à se retirer. Le maréchal Radetzky, gouverneur du royaume lombard-vénitien, évacua toutes les villes ; excepté les quatre forteresses du quadrilatère, Peschiera, Legnano, Vérone et Mantoue, et il alla camper avec ses régiments au pied des Alpes Tyroliennes, en attendant des renforts qui lui permettraient de reprendre l'offensive.

Le roi de Turin, Charles-Albert, se mit alors en campagne avec une armée piémontaise ; mais il commit dès le début des hostilités une faute irréparable. Il s'amusa à faire le siège des places fortes de l'ennemi au lieu d'aller prendre possession des défilés alpins et d'empêcher ainsi la jonction des renforts qu'attendait Radetzky.

Les Piémontais perdirent deux mois au siège de Peschiera. Après s'être emparés de cette place, ils entreprirent le siège de Legnano. Ils avaient une ligne de bataille fort peu stratégique ; elle avait cent lieues d'étendue. Aussi Radetzky n'eut-il aucune peine à la rompre quelques mois plus tard.

A cette époque, Pie IX envoya Mgr Borromeo en mission au camp du roi Charles-Albert. Il écrivait à l'empereur d'Autriche la fameuse lettre dans laquelle il l'exhortait à abandonner spontanément les provinces italiennes jusqu'à l'Isonzo pour satisfaire l'opinion publique qui voulait l'affranchissement de toute domination étrangère. Mgr Corboli-Bussi, un des prélats les plus distingués de la cour romaine, remplit plus tard une mission analogue.

Les gardes nationaux de Rome ne songèrent pas un seul instant à s'enrôler comme volontaires sous les drapeaux de Charles-Albert ; par contre, ils multipliaient les démonstrations sur la place publique. C'était le temps où la foule acclamait Pie IX et le contraignait à paraître à la *Loggia* plusieurs fois le jour. A la demande universelle, le pape étendit ses bénédictions au delà de la place du Quirinal, et pour satisfaire aux instances qu'on lui faisait, il bénit l'Italie tout entière : *Benedette, Signore, l'Italia.*

Quelques jours plus tard, on demandait à grands cris que l'armée romaine pût entrer en campagne contre l'Autriche. Mais le pontife trouva dans les sentiments que lui inspirait sa paternité des accents émus, et il opposa aux désirs du peuple romain un énergique refus : *Non posso, non devo, non voglio,* « Je ne puis pas, je ne dois pas, je ne veux pas » autoriser la guerre contre un gouvernement chrétien. En dépit de la volonté du pontife et de ses ordres formels, quelques régiments indigènes et suisses franchirent la frontière et prirent part à la bataille de Vicence. Il est juste toutefois de reconnaître que les régiments suisses seuls allèrent au feu ; les Italiens se tinrent prudemment renfermés dans la ville pendant qu'on se battait au dehors.

Ils eurent pourtant une victime. Sur le soir, l'action n'étant pas encore terminée, un officier nommé Delgrande, qui avait passé la journée au café, monta sur les remparts pour voir de loin les vicissitudes d'une bataille qui allait finir avec le jour. Un boulet perdu l'atteignit et le tua. Ce fut la seule victime de l'armée romaine dans sa campagne contre l'Autriche. L'occasion était trop favorable de faire une manifestation pour qu'on ne la saisît pas avec empressement. Le corps de l'officier fut transporté à Rome, et reçut les honneurs du triomphe. On proclama Delgrande martyr de l'indépendance italienne; il eut de magnifiques funérailles au Gesu, et une oraison funèbre consacra et éternisa la mémoire du héros !

Le roi de Naples était parfaitement disposé à prendre part à la guerre en faveur de l'indépendance italienne, pour secouer le joug de l'Autriche. Il arma des régiments suisses et toutes les troupes dont il put disposer, et partit en se dirigeant vers le nord de l'Italie. Mais, à peine eut-il quitté la capitale, que les révolutionnaires proclamèrent sa déchéance. Le prince dut rebrousser chemin et revenir en toute hâte dompter la rébellion; c'est ainsi qu'il fut guéri à tout jamais d'aller guerroyer au loin. Ceci se passait le 15 mai 1848. On ne saurait assez stigmatiser la lâche conduite des révolutionnaires qui profitaient du dévouement du roi à la cause nationale pour essayer de renverser son trône. D'ailleurs, Ferdinand n'avait pas une foi absolue dans la valeur des troupes napolitaines. La parole qu'il dit à la reine, au jour de la revue et à la veille du départ, en fait foi. Lors donc que, terminant les préparatifs du départ, il passait ses troupes en revue, accompagné de la reine, celle-ci lui fit compliment sur leur bonne tenue et leur allure martiale.

« Ne vous y trompez pas, ma chère, lui dit-il; c'est comme votre porcelaine, ça ne va pas au feu. »

On dit encore — mais nous ne voulons pas y ajouter foi — que le même Ferdinand, passant en revue ses troupes, tira son épée pour commander une manœuvre. L'éclat du soleil sur la lame d'acier poli éblouit les trente mille hommes présents, qui se débandèrent ! ! !

Un mois à peine après la promulgation du *Statuto*, Pie IX prononça, dans le consistoire du 30 avril 1848, la mémorable allocution qui lui fit perdre, en un instant, la grande popularité qu'il avait acquise pendant les deux années précédentes de son pontificat.

Il annonçait son refus absolu de devenir président d'une république italienne, parce que cette constitution politique portait atteinte aux droits des princes légitimes (1).

A la suite de cette allocution, les libéraux s'emparèrent des portes de Rome, et ne permirent plus à aucun membre du clergé d'en sortir. Deux fois en vingt-quatre heures, tous les ecclésiastiques furent menacés d'un massacre général. L'abbé de L'Isle-Adam, le fameux Breton qui descendait du grand-maître de Rhodes, alors chapelain de Saint-Louis des Français, voulant s'assurer si les prêtres étaient vraiment prisonniers dans Rome, tenta de franchir la porte de Saint-Jean de Latran, accompagné d'un de ses amis (2); la sentinelle l'en empêcha et croisa même la baïonnette sur sa poitrine.

C'était le prélude de l'émeute.

Je vis le pape Pie IX, le 8 novembre 1848, huit jours avant la révolution. Il pressentait alors la crise, et me l'annonça clairement. C'est à Rosmini que je fus redevable de cette audience extraordinaire. Voici dans quelle circonstance : au mois d'octobre, Rosmini était venu à Rome, selon les uns, avec une mission du roi Charles-Albert, relative à la négociation des affaires concernant la confédération italienne, selon d'autres, pour s'occuper du projet de l'unification des douanes et des monnaies. Pie IX, voyant les grandes qualités d'esprit et de cœur de Rosmini, lui envoya spontanément le billet de cardinal. Bientôt, on ne s'occupa plus, à Rome, que du futur prince de l'Église, soleil levant vers lequel tout le monde tournait les yeux. Mgr Bedini, substitut de la secrétairerie d'État, crut faire sa cour au nouveau cardinal en réimprimant, dans le *Giornale Romano*, deux lettres publiées précédemment par Rosmini, sur l'élection des évêques. Cela fait, il envoya ces deux lettres à la *Correspondance de Rome*, avec prière de les traduire et de les publier. Le conseil de rédaction de la

---

(1) C'était le roi de Naples, le duc de Modène, le duc de Parme, le grand-duc de Toscane pour une partie de son duché, tous les princes régnant sur des États appartenant à l'Église et qui auraient dû au moins être *feudataires* du saint-siège.

(2) M. l'abbé Chaillot.

Correspondance de Rome ne crut pas pouvoir, en conscience, rééditer le travail de Rosmini. L'auteur, en effet, soutenait que l'élection des évêques par le clergé et le peuple est une institution de droit divin ; d'où il s'ensuivrait, comme conséquence, que l'Église n'aurait plus d'évêques légitimes depuis six cents ans, attendu que ce mode d'élection a été supprimé par les fameux canons du concile de Latran, sous Innocent III.

Donc, au lieu de rééditer, en les traduisant, ces deux lettres, et d'en faire l'éloge, la *Correspondance de Rome* écrivit un article pour combattre et réfuter sur ce point la doctrine rosminienne. Mais avant de publier l'article, la rédaction crut à propos de communiquer l'épreuve au saint-père, par l'entremise de Mgr Stella, caudataire et secrétaire intime du pontife. Pie IX transmit l'article à Rosmini lui-même. Celui-ci se défendit dans une lettre écrite à Mgr Stella, lettre que ce dernier s'empressa de communiquer à la *Correspondance de Rome* (1). Rosmini était, en effet, fort contrarié de la réfutation ; il balbutiait des explications peu satisfaisantes.

Ce fut à cette occasion que Mgr Stella me proposa de voir le pape. Je montai avec lui un escalier secret ; au haut, il ouvrit une porte, et je me trouvai soudain, sans m'y attendre, en présence de Pie IX. Je compris tout de suite que le saint-père approuvait entièrement la teneur de l'article contre la thèse rosminienne. Pie IX, pendant l'audience, me parla des articles d'Yarck, sur les causes de la révolution autrichienne, qui venaient de paraître à Munich, et que le père Hugues avait traduits pour la *Correspondance de Rome*. Comme résultat pratique, le saint-père autorisa la publication de l'article de polémique contre la thèse de Rosmini. On remarqua qu'à partir de ce jour le crédit du savant philosophe diminua notablement auprès de Sa Sainteté. Rosmini avait reçu le billet de cardinal (2). Il se crut obligé de suivre le pape dans son exil, à Gaëte ; mais, au lieu de lui donner la pourpre, Pie IX lui redemanda le billet, chose inouïe dans l'histoire de la cour ponti-

(1) Cette lettre autographe est conservée dans les archives du journal.
(2) Notification envoyée par le pape au cardinal qu'il crée, de sa promotion au prochain consistoire. *(N. R.)*

ficale. Les deux lettres furent mises à *l'Index*, par décret publié six mois plus tard. Inutile d'ajouter que Rosmini se soumit pleinement à la condamnation qui le frappait, et qu'il accepta humblement d'être privé d'un honneur qu'il avait vu de si près, sans pouvoir l'atteindre. Jamais une plainte ne sortit de sa bouche ; et pourtant Rosmini se trouva, un moment, fort embarrassé et dans une situation absolument fausse. A l'époque où il se croyait sûr du cardinalat, il avait fait acheter, non seulement chevaux et voitures, mais encore un mobilier en rapport avec sa nouvelle dignité. Après sa disgrâce, il envoya à Rome le père Bertetti, procureur général de l'ordre de la Charité, pour vendre toutes ces choses devenues inutiles avant d'avoir servi, et qui étaient déposées dans une maison de la *via Alessandrina*. Après sa mort, on a retrouvé dans ses papiers la relation de sa mission à Rome, relation dans laquelle il proteste devant Dieu qu'il ne dit que la pure vérité. Cet écrit a été imprimé en 1884.

Mais revenons à la révolution de novembre.

Dans l'état d'exaltation où se trouvaient les esprits, Pie IX comprit qu'il fallait faire certaines concessions nécessaires, et il consentit à prendre un ministère libéral. Mamiani fut chargé de former ce ministère, et en reçut d'ores et déjà la présidence. Toutefois, d'interminables discussions retardèrent pendant longtemps sa constitution définitive. Les Romains demandaient un ministère des affaires étrangères distinct du cardinal secrétaire d'État, tandis que Pie IX ne voulait pas confier à un ministre pris en dehors de la secrétairerie d'État le soin des affaires diplomatiques.

Le cardinal Soglia accepta par dévouement le titre de secrétaire d'État. Si le ministère Mamiani avait duré, l'Europe aurait vu avec étonnement deux ambassadeurs du pape près de chaque cour : le nonce, pour les affaires religieuses, et l'ambassadeur Mamiani, pour la politique.

Quoique la charte constitutionnelle *il Statuto* eût été octroyée par Pie IX depuis deux mois, les Chambres ne s'étaient pas encore réunies. Le pape avait nommé les membres du grand conseil, tandis que les députés avaient été soumis à l'élection des citoyens. Le chef du ministère rédigea un discours qu'il devait prononcer pour l'ouverture des Chambres et dans lequel il métamorphosait le pape en une sorte de *mikado* japonais exclu du gouvernement effectif. Entre autres choses, on y lisait que *le pontife prie, pardonne et bénit, mais que c'est le ministère qui gouverne.* Mamiani dut soumettre son discours à l'approbation du pape. Pie IX le reçut et y fit d'abord de sa main quelques corrections ; mais arrivé au passage que nous venons de citer, il s'indigna à tel point qu'il jeta au panier le manuscrit sans en achever la lecture. C'est là qu'il fut trouvé par les domestiques et renvoyé à son auteur sur les instantes réclamations de celui-ci. Le ministre connaissait la désapprobation du pape ; il eut cependant l'audace et l'impudence d'annoncer à la Chambre que son discours avait été approuvé et il montra à l'appui les notes marginales et les corrections autographes.

Le nouveau ministère mit à la retraite une foule d'excellents employés qui avaient le tort de conserver dans leur cœur quelque dévouement au pape et au saint-siège. Cette mesure fut absolument désastreuse pour les finances pontificales, étant donné l'ancienne coutume en vertu de laquelle on accordait le traitement entier (1) aux employés mis à la retraite.

La campagne de M. Ferretti, dans le *Costituzionale Romano*, contre Mamiani renversa en quinze jours le ministère. La déroute de l'armée italienne dans le Nord ne contribua pas peu non plus à obtenir ce résultat. Nous avons parlé de la grande faute que commirent les Italiens en s'arrêtant à faire le siège des forteresses occupées. Ayant reçu les renforts qu'il attendait de Vienne, le maréchal Radetzky reprit l'offensive. Il rompit en deux jours toutes les lignes de l'armée italienne, coupa lui-même sa retraite et s'avança à marches forcées sur Milan. Charles-Albert fut obligé de reculer. A Milan, des misérables l'accueillirent à coups de fusil et l'accusèrent d'avoir trahi la patrie.

(1) J'ai connu, à ce propos, un certain général Farina qui jouit pendant une trentaine d'années d'une pension comprenant même le foin et l'avoine pour un cheval qu'il n'avait plus.

Loin de s'arrêter à Milan, l'armée autrichienne envahit le Piémont et prit la direction de Turin. Elle ne céda que devant le *veto* de la France, c'est-à-dire lorsque le général Cavaignac, alors chef du pouvoir exécutif, notifia à Radetzky que l'occupation du Piémont, de la part des Autrichiens, serait considérée par son gouvernement comme un *casus belli*.

Cette fois encore ce fut la France qui sauva le Piémont et l'Italie.

Les patriotes de Rome, avertis par estafette de la déroute complète de l'armée italienne, eurent le triste courage de crier victoire et d'obliger en conséquence tous les curés de Rome à sonner les cloches pendant la nuit en signe de réjouissance. La vérité ne fut connue que dans la matinée du jour suivant.

Pie IX était débarrassé de Mamiani et de ses collaborateurs. A cette époque, la mission diplomatique près le saint-siège, du comte Rossi, avait fini avec la chute de Louis-Philippe. Comme il se trouvait libre, on tourna les yeux vers lui et on le fit consentir à prendre la direction d'un nouveau ministère, après l'avoir préalablement naturalisé sujet romain. Rossi apporta dans l'œuvre difficile qu'on lui confiait, toutes les ressources de sa vaste intelligence et de son infatigable dévouement; et il aurait réussi à sauver le gouvernement, n'avait été le poignard des sicaires. En peu de semaines, il remit l'ordre dans l'administration, rétablit la sécurité en ranimant le moral de la gendarmerie et des troupes, équilibra un nouveau budget et sauva, au moins pour un peu de temps, l'état financier gravement compromis.

Le 29 septembre 1848, le pape étant allé, suivant l'usage, à l'hospice Saint-Michel, admit en sa présence les chefs des quartiers des *Monti* et du *Transtevere*. Il fut convenu qu'en cas de danger ces fidèles défenseurs seraient avertis par la cloche du Quirinal. Le saint-père présenta ensuite aux chefs de quartier celui qu'il leur donnait pour général et auquel ils devaient obéir, comme seul et unique représentant du pontife. Que se passa-t-il plus tard? Le personnage en question se tint renfermé dans sa demeure et ne donna aucun ordre aux braves Transtévérins qui n'attendaient qu'un signal pour prendre les armes et courir sus à l'ennemi. D'autre part, la cloche du Quirinal demeura toujours muette et ne sonna jamais le tocsin. Voilà comment le peuple romain, si dévoué à ses papes, laissa consommer sans résistance la révolution de novembre.

Les moindres détails de la révolution furent discutés et arrêtés au cours d'une réunion qui eut lieu, les derniers jours d'octobre, dans le local de la Société philharmonique(1). Chaque chose fut prévue, jusqu'à la pièce de canon qu'on devait pointer sur la porte du Quirinal.

Tous les historiens ont raconté en détail les scènes lugubres du 15 et du 16 novembre 1848. Rossi assassiné sur les marches de la chancellerie et les sicaires parcourant la ville avec des chants de triomphe en l'honneur du poignard qui venait de frapper l'infortuné ministre. Ce furent des scènes de cannibales dignes des plus mauvais jours de la Révolution française.

Je me suis souvent demandé quel but les révolutionnaires poursuivaient en contraignant le pape à quitter Rome. Dans la situation politique où se trouvait l'Italie, ils ne pouvaient pas croire que l'Autriche, rentrée en possession de toutes ses provinces, et le roi de Naples, qui avait réprimé la rébellion des agitateurs dans ses États, toléreraient que le souverain pontife fût privé de sa couronne et condamné à l'exil perpétuel. Un personnage bien renseigné pensait alors que les révolutionnaires se proposaient d'empêcher le grand jubilé de 1850. Cette affluence de pèlerins venant de toutes les parties du monde pouvait les gêner dans l'accomplissement du plan qu'ils se proposaient. Si le pape, en effet, était resté à Rome, il aurait dû, avant la fin de 1848, publier la bulle solennelle pour annoncer le grand jubilé. Le seul moyen d'empêcher cette publication, c'était de forcer le pape à s'éloigner de Rome.

Il est curieux d'observer ici que, pendant ce dix-neuvième siècle, de singulières entraves ont été mises à la publication des grands jubilés, ceux qui ont lieu tous les vingt-cinq ans.

____

(1) Je tiens ce détail d'un témoin oculaire.

En 1800, il n'y en eut pas ; Pie VI avait été déporté et son successeur, Pie VII, ne put l'annoncer, parce qu'il ne vint de Venise.qu'en mai 1800. En 1850 et en 1875, les événements politiques empêchèrent encore de le publier. Notre siècle n'a donc eu, en somme, qu'un seul grand jubilé, celui de 1825, sous le pontificat de Léon XII. L'Esprit du mal n'aime pas, paraît-il, ces grandes manifestations catholiques ; ses intérêts doivent sans doute en souffrir si nous en jugeons par l'immense bien religieux que produisit dans l'univers chrétien le dernier grand jubilé, celui de 1825.

III

Départ de Pie IX pour Gaëte. — Histoire de Vincenzo. — Intervention des quatre puissances pour pacifier les Etats pontificaux ; part qu'y prit la France. — Convention Rusconi. — Echauffourée du 30 avril. — Les prisonniers de l'ambassade de France. — Fuite de Rome. — Siège de la ville ; les Français s'en emparent.

Pie IX partit pour Gaëte dans la nuit du 24 au 25 novembre 1848. Ce départ ne fut pas tellement secret que personne n'en eut connaissance dans la ville, car dans la soirée du 24, étant allé visiter le père Hugues, procureur général des rédemptoristes, au couvent de Santa-Maria in Monterone, je le trouvai occupé à préparer sa valise. Comme je lui témoignai ma surprise de le voir quitter Rome au commencement d'une saison où tout le monde y afflue : « Que ferais-je ici, me dit-il, puisque le pape part cette nuit pour Gaëte ? »

Le père Hugues, né à Hambourg, était entré dans l'Institut de Sainte-Alphonse de Liguori après avoir abjuré le protestantisme.

Dans la matinée du 25, je rencontrai sur la place du Gesu un jeune homme de Genzano, nommé *Vincenzo*, que j'avais connu dans les bureaux du *Costituzionale Romano*.

« Je crains, me dit-il, que le pape n'ait actuellement personne pour correspondre avec Rome. Je m'offrirais volontiers à l'effet de remplir cette périlleuse mission, si j'avais ici un lieu sûr pour y loger sans crainte d'être dénoncé...; car combien peu de personnes méritent ma confiance ! »

J'avais une chambre libre dans l'appartement que j'occupais à cette époque; j'en fis l'offre à Vincenzo qui l'accepta avec empressement.

« Je vous suis mille fois obligé, me dit-il en me serrant la main; dès demain, je pars pour Gaëte. »

Vincenzo avait d'abord pensé à se faire religieux, c'est pourquoi il était entré dans un monastère vers 1847. Le général avait été émerveillé de son talent et de son érudition, au point que, dès le lendemain de son arrivée au couvent, il le chargea d'enseigner la philosophie. Mais le calme ne dura pas longtemps au monastère. Humiliés de voir un simple postulant monter du premier coup dans une chaire aussi importante, les moines exprimèrent si haut leur mécontentement et firent un tel vacarme que Vincenzo dut, non seulement descendre de sa chaire, mais même quitter le monastère.

C'est alors qu'il vint à Rome, et, lorsque le *Costituzionale Romano* eut été créé, il fut appelé dans les bureaux et fit partie de la rédaction.

Vincenzo s'étant donc déterminé à partir pour Gaëte, annonça sa résolution à un prélat de ses connaissances, Mgr Marini, qui lui donna quelques doppie (1), et après lui avoir recommandé la prudence, lui souhaita un heureux succès. Avec cette somme d'argent, Vincenzo paya grassement son *vetturino* et franchit la frontière le 27 novembre. Quelques connaissances qu'il avait dans l'entourage de Pie IX lui facilitèrent l'audience du pontife. Celui-ci accepta avec reconnaissance les propositions qu'on lui faisait, et peu de jours après, il confiait à son fidèle messager un certain nombre de dépêches pour remettre aux cardinaux chargés du gouvernement de la ville et de l'expédition des affaires ecclésiastiques (2). Il

(1) Il lui donna 3 écus 1/2, près de 20 francs.

(2) Prévoyant que son exil serait de courte durée, Pie IX avait laissé à Rome les bureaux des congrégations romaines qui continuèrent à fonctionner; mais l'absence d'un grand nombre de cardinaux empêcha de tenir des assemblées générales. Toutefois, comme les demandes de faveurs spirituelles affluaient à Gaëte, lorsqu'on apprit que le pape y était, force fut d'y ouvrir des secrétariats, au moins à titre provisoire.

y en avait une en particulier pour le cardinal Castracane, de la famille des comtes milanais Castracane degli Antelminelli.

Le cardinal Castracane, grand pénitencier, était un homme d'une haute intelligence et très précieux pour l'expédition des affaires. Lorsque Rosmini était venu solliciter l'approbation pour l'ordre de la Charité qu'il avait fondé à Domodossola, dans le Piémont, ce fut à Castracane que les cardinaux de la Congrégation avaient confié le soin d'annoncer au fondateur les difficultés qu'on y opposait. En conséquence de cette mission, Castracane écrivit à Rosmini une lettre qui est un véritable chef-d'œuvre de sagesse et de prudence. Rosmini répondit à cette lettre et l'affaire put s'arranger. Chose bizarre, Rosmini ne faisait point partie de l'Institut qu'il avait établi. Il avait imité en cela sainte Brigitte qui resta toujours en dehors de l'ordre du Saint-Sauveur, dont elle est la fondatrice.

La seconde mission qui manifesta les remarquables talents du cardinal Castracane est celle dont il fut chargé dans l'affaire des maristes de Lyon. Le père Colin, fondateur de cette congrégation, l'avait composée de trois éléments différents : les pères, les frères et les sœurs. A première inspection, le cardinal lui fit observer que Rome n'approuverait jamais un institut ainsi composé. Le père Colin repartit pour Lyon sans vouloir accepter le changement qu'on lui imposait. De là, il correspondit pendant plus d'un an avec Castracane qui finit par le convaincre. Le père Colin rassembla un jour ses religieuses et leur fit verser bien des larmes en leur annonçant qu'à partir de ce moment il cessait d'être leur supérieur général. Il imposa le même sacrifice aux frères des écoles et les contraignit à choisir un des leurs pour être mis à leur tête. La situation étant ainsi changée, le père Colin repartit pour Rome et, grâce à l'appui bienveillant de Castracane, il obtint sans difficultés pour ses missionnaires le bref de Grégoire XVI qui approuvait son institut, et confiait aux maristes de Lyon les missions de l'Océanie.

Mais revenons à Vincenzo.

Vincenzo s'arrêta plusieurs jours à Rome pour remplir les commissions dont Pie IX l'avait chargé. Craignant perpétuel-

lement d'être trahi et découvert, il changeait de costume dix
fois par jour. Tantôt il prenait l'uniforme de garde national,
tantôt l'habit de médecin, celui de négociant, etc.

Aussitôt que les dépêches en réponse furent prêtes, il repartit pour Gaëte (1). Pendant les mois de décembre et de janvier, Vincenzo fit un grand nombre de fois le trajet de Rome
à Gaëte, à la vive satisfaction de Pie IX, qui l'accueillit toujours avec plaisir. Une pareille mission était fort dangereuse ;
il la remplissait au péril de sa vie. Dès la seconde fois, sachant que déjà on l'avait dénoncé et qu'on l'épiait, Vincenzo
se fit accompagner à Rome par deux paysans qu'il arma de
tous les stylets qu'il put trouver. Ce fut ainsi qu'il se présenta chez moi, à 3 heures du matin, avec ses deux *contadini*,
riant tous trois de leur frayeur, quand ils se virent échappés
au danger, du moins immédiat.

Dans les premiers jours de janvier 1849, Pie IX lança l'excommunication contre tous les membres du gouvernement
provisoire. Le décret fut imprimé à Naples, et notre fidèle messager se chargea de faire passer la frontière au document pontifical. Vincenzo en avait cousu une centaine d'exemplaires
dans ses vêtements. Il voyagea ainsi avec cette cuirasse de papier, à l'épreuve des balles et du poignard. Arrivé à Rome,
son premier souci fut d'afficher les bulles.

A cet effet, il sortit de chez moi pendant la nuit avec quelques-uns de ses amis, et afin de mieux réussir dans leur audacieux projet, ils se constituèrent en patrouille. Pendant la nuit,
alors qu'ils circulaient dans la ville, ils furent rencontrés par
une patrouille véritable, qui les arrêta, non pas pour leur demander le mot de passe, car telle était l'incurie du gouvernement provisoire qu'il oubliait presque toujours d'en donner
à ses factionnaires, mais pour savoir qui ils étaient : « *Pattu-
glia*, patrouille », répondirent-ils hardiment, et, sans plus
d'information, on les laissa passer. Pendant huit jours consé-

---

(1) L'ambassadeur de Portugal, qui avait suivi le pape à Gaëte, donna à
Vincenzo une bizarre commission. Il était virtuose, et avait oublié à Rome
sa guitare. Il pria Vincenzo de la lui rapporter. Mais notre messager avait
bien d'autres soucis ! Je tiens ces détails de Vincenzo lui-même.

cutifs, ils purent afficher impunément à la porte des ministres la fameuse bulle d'excommunication, que les factionnaires s'empressaient de déchirer le lendemain aussitôt qu'ils l'apercevaient.

Bientôt on eut épuisé tous les exemplaires. Vincenzo songea alors à en faire imprimer de nouveaux ; mais il importait de procéder très secrètement. Il trouva un imprimeur tout dévoué au gouvernement pontifical, qui se renferma avec lui dans une cave et commença la composition. Il y eut, sans doute, des traîtres qui le dénoncèrent, car le travail n'était pas achevé que la police se présenta pour faire une perquisition. On avertit aussitôt Vincenzo, qui pensa être perdu sans ressource, lui et son imprimeur. Il était doué heureusement d'une présence d'esprit qui le sauva encore dans cette circonstance. Il avisa non loin de lui un tonneau de vin dans lequel il fit disparaître tous les caractères d'imprimerie, dérouta toute perquisition, et put échapper ainsi, lui et son complice, à la mort qui les menaçait.

Cependant les soupçons qui planaient sur Vincenzo étaient trop nombreux et trop bien fondés pour qu'ils ne dégénérassent pas en une quasi-certitude. Le lendemain, il vint m'annoncer sans émotion qu'il avait été condamné à mort par le club *Circolo popolare*. On l'avertit que sa tête était mise à prix et que des assassins, postés sur la route de Gaëte, l'attendaient pour s'emparer de lui. Vincenzo ne perdit pas de temps, et, se détournant de la voie ordinaire qu'il suivait, franchit la frontière par Ostie et le littoral. Dans ces circonstances, Rome lui était fermée. Pie IX le rappela à Naples, et, quatre mois plus tard, il allait se joindre à l'armée que le roi Ferdinand IV devait envoyer à Rome pour y rétablir le gouvernement pontifical. Vincenzo prit part à une bataille livrée sous les murs d'Albano, par Garibaldi, contre les troupes napolitaines, bataille qui n'eut pas d'ailleurs de résultat définitif.

Au mois de juillet suivant, alors que les Français avaient pris Rome et y avaient rétabli le gouvernement pontifical, Vincenzo s'empressa d'accourir et occupa, chez moi, la chambre que je lui avais offerte. Pie IX songea alors à le récompenser comme il le méritait et lui proposa de choisir ce qu'il voudrait. Il me demanda mon avis, et je crus bien faire en lui conseillant de sortir de la politique. Il sollicita alors et obtint un brevet de sous-lieutenant dans les douanes. C'est dans cette situation qu'il se trouvait à Pérouse en 1859. La révolution, qui venait de s'emparer de Bologne et des légations, préparait aussi un mouvement à Pérouse. Vincenzo exerçait la vigilance la plus sévère. Il ne tarda pas à découvrir des dépôts d'armes faits secrètement par les révolutionnaires et s'empressa d'avertir le ministère de ce qui se tramait. Mais, hélas! le ministère était rempli de mazziniens. Quel ne fut pas l'étonnement de Vincenzo de recevoir du directeur des douanes un arrêté qui le mettait en disponibilité, étrange rémunération de sa fidélité, de son zèle et de son dévouement. Vincenzo vint alors à Rome, et ce ne fut pas chose facile que de le rétablir dans son ancien poste. Je fis intervenir le confident de la vénérable Anna-Maria Taïgi, Dom Raphaële Natali, vénérable vieillard de quatre-vingt-dix ans, que toute la ville connaissait. Celui-ci parla à Mgr Ferrari, ministre des finances, et, après maintes démarches, Mgr Ferrari confia à Vincenzo une des deux lieutenances de Rome, celle de *Ripa Grande*. Sa juridiction s'étendait sur tout le littoral jusqu'à Civita-Vecchia. Ce brave défenseur du pape avait enfin la récompense que lui méritaient ses bons et loyaux services.

Vincenzo a servi le gouvernement pontifical pendant le reste de sa vie. Il est mort de douleur en voyant l'invasion piémontaise de 1870. La dépouille de cet homme, modèle de fidélité, repose à Genzano, son pays natal.

Les personnes qui résidaient à Rome, à cette époque, comprirent que le succès de la révolution de novembre n'était que le résultat d'un coup de main. En effet, au mois de décembre 1848, le parti révolutionnaire ne dominait aucun point de la péninsule. Le Piémont était rentré dans ses limites, où l'armée de Radetzky n'avait pas osé le suivre, empêché qu'il en était par le veto du gouvernement français. L'Autriche avait rétabli sa domination sur toutes les provinces italiennes dont elle revendiquait la possession aux bords de l'Adriatique ; la

Toscane était pacifiée ; le roi de Naples enfin avait vaincu la révolution du 15 mai 1848 et demeurait paisiblement sur son trône.

Bologne, cette antique cité qui fut toujours jalouse de la gloire de Rome et qui prit constamment la contre-partie de sa conduite, Bologne envoya une députation au pape, à Gaëte, pour le prier de confier sa personne et ses intérêts à la garde de ses fidèles Bolonais. Elle offrit de réprimer la révolte et de rétablir l'autorité pontificale dans Rome. Si l'offre, qui paraissait sérieuse, avait été acceptée, l'intervention des puissances étrangères devenait complètement inutile.

Nous ne savons rien des raisons qui déterminèrent le cardinal Antonelli à préférer l'intervention étrangère, toujours blessante et odieuse, particulièrement abhorrée des Italiens, surtout après l'effervescence de ces deux années où l'on avait tant parlé de l'indépendance de l'Italie.

L'armée d'une seule nation catholique était plus que suffisante pour le rétablissement du gouvernement pontifical ; cependant le cardinal Antonelli s'adressa à quatre puissances : l'Autriche, la France, l'Espagne et Naples. Ce fut la France seule, qui, en réalité, remit le pape sur son trône. Les Espagnols débarquèrent à Fiumicino, mais n'allèrent pas au delà, parce que Napoléon le leur défendit ; le roi de Naples s'avança jusqu'à Albano ; de Lesseps lui fut envoyé, l'invitant à rétrograder. Il en fut de même de l'Autriche, qui se dirigeait vers Rome après avoir pacifié les légations ; le général français lui notifia qu'il avait ordre de s'opposer, même par la force des armes, à ce qu'elle continuât sa marche en avant.

A Rome, on proclamait la république le 9 février 1849. Le pouvoir exécutif était confié à un triumvirat formé de Mazzini, Saffi et Armelini, l'ancien avocat consistorial. Cet acte d'audace de la part des révolutionnaires combla la mesure et mit fin à l'indécision des puissances dont l'intervention avait été réclamée.

L'expédition française étant arrivée en vue de Civita-Vecchia, le comte Rusconi, ministre des affaires étrangères du triumvirat républicain, partit pour cette ville et conclut avec le général Oudinot, chef de l'expédition, une convention aux termes de laquelle on considérait l'intervention des Français comme amicale, et l'on déclarait qu'ils seraient reçus pacifiquement. Le premier acte d'Oudinot, à son débarquement à Civita-Vecchia, fut de planter l'arbre de la liberté ; il fallait faire cette concession, paraît-il, à l'esprit du temps. Puis l'armée se mit en route sans prendre de munitions, ne pensant qu'à faire une entrée triomphale dans Rome. Aussi quel ne fut pas l'étonnement de nos troupes, en arrivant à la *porta Cavallegieri*, d'entendre les balles siffler à leurs oreilles. On avait compté sans Garibaldi, qui, refusant d'accepter la convention Rusconi, avait pris sur lui la responsabilité de commander à ses volontaires le feu contre l'armée française. C'est ce qu'on a appelé la *bataille du 30 avril*. Quelques prisonniers furent faits de part et d'autre et bientôt échangés. On s'empara entre autres du colonel du génie Le Blant, qui devait commander en chef, un mois plus tard, les opérations du siège de Rome.

Attaquée ainsi contre toute attente et en dépit des promesses les plus formelles, l'armée française dut se replier sur Civita-Vecchia et y attendre des renforts. Dans l'intervalle, le prince Napoléon envoya à Rome, pour y remplir une mission, M. de Lesseps, le futur créateur du canal de Suez et de celui de Panama. Cette mission avait été imaginée pour gagner du temps et donner aux renforts qu'on avait réclamés le temps d'arriver. De Lesseps repartit d'ailleurs pour Paris sans rien conclure avec Mazzini et Garibaldi.

A partir de ce jour, l'Italie n'eut pas assez de malédictions contre la France, et la vie des Français ne fut plus en sûreté dans Rome. M. de Forbin-Janson, notre chargé d'affaires, ouvrit à ses compatriotes les portes de l'ambassade installée depuis deux cents ans au palais Colonna, place des Saints-Apôtres. Tous les Français séjournant dans la ville s'y réfugièrent et y reçurent l'hospitalité pendant plusieurs jours. On les fit coucher dans la salle de spectacle. « Nous étions une dizaine de prêtres, quinze frères des Écoles chrétiennes et environ quarante séculiers. La table était dressée sous les arbres de la magnifique villa attenante au palais ; mais il n'était pas prudent de circuler dans toute son étendue ; car, du haut des *loggia* voisines, les garibaldiens veillaient sur les *prisonniers de l'ambassade* et quelques balles vinrent avertir les imprudents qu'ils n'avaient pas à s'aventurer sans précaution au dehors des bâtiments.

Il y avait trois jours que nous étions les hôtes de M. de Forbin-Janson lorsqu'on présenta à notre signature un document attestant que nous avions été logés et nourris aux frais de l'ambassade ; cela fait, on nous signifia que, tout danger ayant disparu, nous pouvions retourner à nos demeures respectives. Mais c'était une erreur, et les Français qui circulaient dans les rues le faisaient au péril de leur vie, au cas où l'on aurait reconnu leur nationalité.

L'avenir était fort sombre ; nous avions en perspective le siège de Rome par l'armée française. Le parti le plus sûr nous parut de quitter la ville ; restait la difficulté d'en franchir les portes. Le gouvernement républicain avait formé un comité de salut public chargé de la concession des passeports, et ce comité était parfois fort exigeant. Il fallut comparaître devant le bureau composé de trois citoyens assis autour d'un tapis vert. J'y allai accompagné de l'abbé de Montclar, prêtre de Saint-Sulpice, et de M. Sauve, propriétaire de l'hôtel de *la Minerve*. Ce dernier, songeant que ses chevaux étaient exposés à la confiscation sous prétexte d'être réquisitionnés, prétendit qu'il en avait besoin pour conduire à Civita-Vecchia quelques-uns de ses hôtes qui le lui demandaient.

Arrivés en présence du comité, le chef me demanda à quelle religion j'appartenais ; il s'imaginait que nous étions des moines déguisés. Feignant de ne pas saisir le sens équivoque du mot *religion* (1), je répondis sans hésiter que j'appartenais à la religion catholique, apostolique et romaine. Le commissaire n'insista pas, mais il fut loin d'être tendre ; il nous adressa de sévères reproches d'avoir quitté le costume ecclésiastique malgré une récente ordonnance qui le défendait. Pour toute réponse à ce long réquisitoire, j'alléguai que Rome étant

(1) Le mot italien *religione* est équivoque ; il signifie à la fois religion et institut religieux.

couverte de barricades, la circulation des ecclésiastiques en soutane devenait impossible. Enfin, les farouches commissaires parurent se calmer un peu et l'on nous délivra nos passeports. Toutefois, défense expresse nous fut faite de prendre la route de Civita-Vecchia, par laquelle nous aurions rencontré l'armée française qui s'était mise en marche pour venir assiéger Rome; le passeport enjoignait de nous diriger vers Monterosi. Or, toute la campagne, dans cette direction, était sillonnée de bandes calabraises capables de tuer, par manière de passe-temps, quiconque leur aurait simplement déplu.

L'abbé de Saint-Pulgent, chapelain de Saint-Louis des Français et aujourd'hui chanoine de Lyon, faillit payer de sa vie l'imprudence qu'il avait commise en prenant cette direction. Il tomba, en effet, aux mains des brigands, qui décidèrent de le fusiller. Il avait revêtu le costume laïque et voyageait en compagnie d'une religieuse belge qui, oubliant la consigne, l'appela : « *Monsieur l'abbé* ». L'imminence du danger le fit pâlir. M. Perret — dont nous avons parlé — contribua à le sauver. Un officier garibaldien ayant prononcé quelques mots en français, Perret le complimenta sur la pureté de son accent.

« Vous avez peut-être habité Paris, lui dit-il, vous parlez le français mieux qu'un Français. »

Flatté du compliment qu'il prenait au pied de la lettre, l'officier se radoucit et les fit relâcher.

« Ne tourmentez pas, commanda-t-il, ces honnêtes citoyens, vous voyez bien qu'il n'y a aucun prêtre parmi eux. »

Et nos voyageurs purent continuer leur chemin, non sans émotion à la pensée du sérieux danger qu'ils avaient couru.

De notre côté, nous étions six à quitter Rome : l'abbé de Montclar, l'abbé Bernier, le vieux Bouisse, M. Marteau, négociant de soieries lyonnaises établi à Rome, un autre dont j'ai oublié le nom et moi. Nous devions passer par le même chemin, lorsque nous apprîmes au dernier moment que les brigands calabrais grossissaient leurs rangs à vue d'œil et que le chemin de Monterosi devenait de plus en plus impraticable. Nous avions déjà franchi la *porta Angelica*; anxieux et indécis, nous fîmes arrêter la voiture dans l'espoir de découvrir quelque route sûre qui allât rejoindre celle de Civita-Vecchia. Nous étions arrêtés là depuis un quart d'heure, n'osant nous adresser à personne dans la crainte d'être dénoncés, lorsqu'un homme se présenta devant nous, portant à la main le drapeau parlementaire. Nous crûmes pouvoir nous confier à lui et nous lui exprimâmes l'embarras dans lequel nous nous trouvions.

« Très bien, nous dit-il ; je connais, pour l'avoir fait ce matin même, le chemin que vous cherchez ; ayez confiance et suivez-moi sans crainte, je ne vous trahirai pas. »

C'est ainsi que nous pûmes traverser la campagne derrière les jardins du Vatican, à peine rassurés toutefois à la vue des soldats garibaldiens qui couronnaient tous les remparts et qui auraient pu nous atteindre de leurs fusils, n'avait été le drapeau blanc de notre guide.

Arrivée en vue de la *porta Cavallegieri*, la voiture prit la route de Civita-Vecchia, accompagnée toujours du parlementaire qui, le sourire aux lèvres, nous faisait signe de la main de temps en temps pour nous donner confiance. Pendant que nous réfléchissions pour savoir quelle récompense nous devions donner à ce brave homme qui nous avait ainsi tiré d'un grand embarras et nous avait fait échapper à un danger plus grand encore, il disparut au loin sans nous demander la *mancia* à laquelle pourtant il avait un droit que nous ne lui aurions pas contesté.

La route fut longue et pénible. La plupart des ponts ayant été détruits par les garibaldiens, il fallait faire descendre la voiture dans le lit des rivières et, par les endroits guéables, gagner l'autre rive.

A deux lieues de Rome environ, nous aperçûmes un cavalier qui venait de gravir le sommet de la colline opposée. Notre cocher, un Italien, nous le montra du doigt en pâlissant. Était-ce une embuscade garibaldienne ou l'avant-garde de l'armée française ? A cette distance, toute conjecture était impossible. Nous étions de nouveau hésitants et le conducteur de la voiture aurait volontiers tourné bride ; mais ce n'était pas notre affaire.

« En avant ! lui cria l'un de nous faisant appel à ses souvenirs classiques. Que crains-tu ? Oublies-tu que tu portes César
et sa fortune ? »

Le cavalier reculait à mesure que nous avancions ; cependant nous gagnions sur lui beaucoup de terrain. Bientôt nous
fûmes assez près pour remarquer que le cheval n'était pas de
race italienne ; c'était une bête à large encolure, absolument
inconnue dans la péninsule. Parvenus au sommet de la colline, un immense horizon se déroula à nos regards et nous
vîmes un des plus magnifiques spectacles qu'on puisse concevoir.

C'était toute l'avant-garde de l'armée française qui se préparait à bivouaquer. Les derniers rayons du soleil couchant
venaient frapper l'acier poli des fusils mis en faisceaux de distance en distance et les faisaient scintiller de mille feux. Sur
l'avant, dix-huit pièces de canon alignées formaient une barrière
protectrice. Nous étions sauvés. De ma vie je n'adressai au
Ciel de plus sincères témoignages de ma reconnaissance, de
plus vives actions de grâces !

Un escadron de chasseurs à cheval qui ouvrait la marche
nous laissa passer sans obstacles, mais le commandant d'un
bataillon de chasseurs à pied qui suivait arrêta la voiture. Il
dépêcha aussitôt un soldat d'ordonnance afin de prévenir le
général Regnault de Saint-Jean-d'Angély. Le général arriva
au grand galop de son cheval et nous dit avec un mauvais
accent italien :

« *Siete Italiani ?*

— Non, mon général, répondîmes-nous en chœur, nous
sommes tous Français.

— Ah ! c'est parfait, » reprit-il.

Et il demanda à chacun de nous le nom de son pays. Nos
réponses le convainquirent de la vérité de nos paroles, et, sans
autres explications, il nous permit de continuer notre route.

« Je vous accorde, ajouta-t-il, un sauf-conduit verbal jusqu'à
Castel-di-Guido, où sera ce soir le quartier général. Là, vous
verrez Oudinot et il vous donnera des papiers en règle. »

Une heure plus tard, nous arrivions aux avant-postes de

Castel-di-Guido. Un caporal escorté de quatre hommes — car, dans le langage militaire, le caporal n'est pas un homme — se montra à la portière de la voiture.

« Vous êtes prisonniers de guerre pour avoir franchi nos lignes de retranchement, nous dit-il ; descendez et suivez-moi. »

Nous marchâmes entre le caporal et ses quatre hommes jusqu'à la porte du lieu où se tenait le conseil de guerre en permanence. Là, nos chaînes tombèrent et nous fûmes accueillis avec la plus grande cordialité par l'adjudant Espivent de la Villeboisnet et par le colonel Le Blant, que nous avions vu prisonnier à Rome quinze jours auparavant, après la bataille du 30 avril. Un attaché d'ambassade suivait le corps expéditionnaire ; c'était le prince de la Tour d'Auvergne, plus tard ambassadeur à Rome et ministre des affaires étrangères de Napoléon III, le frère de l'abbé de la Tour-d'Auvergne, qui fut auditeur de rote et mourut archevêque de Bourges.

Le colonel Le Blant nous questionna longuement sur l'état de |Rome, le chiffre approximatif des troupes qui y étaient renfermées, la nature et le nombre des barricades, etc. Un secrétaire prenait note de nos réponses. Ceci se passait le 11 mai 1849. Cet interrogatoire terminé :

« Comme je suis convaincu, nous dit le colonel Le Blant, que vous ne retournerez pas à Rome, je puis vous faire part sans inconvénient de notre plan d'attaque. »

Et, déployant devant nous la grande carte d'état-major, il indiqua du doigt le bastion le plus élevé du Janicule comme celui qui devait être ouvert par la brèche. Nous nous récriâmes en objectant que c'était le point le plus fortifié des remparts. L'un de nous fit observer que l'armée française pouvait entrer dans Rome sans coup férir. On n'avait, disait-il, qu'à jeter un pont de bateaux sur le Tibre, un peu en amont de Saint-Paul. Quelques coups de canon suffiraient pour renverser la porte de Saint-Jean de Latran. De là, on se rendrait en ligne droite à Sainte-Marie-Majeure, au Quirinal, au Pincio... Toute résistance était impossible, on était maître de la ville.

Le colonel souriait à l'énoncé de ce plan de campagne qui

dénotait chez notre compagnon de route des notions stratégiques plus que rudimentaires.

« Sachez, nous dit-il, qu'après avoir fait tout cela et avoir pris possession du Quirinal, du Pincio et d'autres points encore, il nous faudra rebrousser chemin et tracer des parallèles autour du Janicule ; une ville n'est prise que lorsqu'on en occupe le point culminant. »

Malgré que le général Oudinot fût au lit, il demanda à voir l'un de nous. Le vieux Bouisse fut désigné pour cette entrevue.

« Mon général, lui dit-il en entrant dans sa chambre, les Romains ont peu de tête et encore moins de canons ; attaquez Rome sur plusieurs points à la fois, ils perdront courage, prendront la fuite et vous serez facilement maître de la ville. »

Oudinot, mis en joyeuse humeur par ces propos et peut-être aussi par le ton sur lequel ils lui étaient dits, riait dans son lit à se tordre.

Au fait, le plan du vieux Bouisse fut littéralement suivi. Le jour de l'assaut, qui fut donné au Janicule, l'armée française simula une attaque, qui était une fausse alerte, vers Monte-Parioli, sur la route qui conduit de la place du Peuple à Ponte-Molle. Un étudiant en droit que j'avais connu au collège des nobles, nommé Archibugi, y perdit la vie.

L'adjudant Espivent nous dit alors sur le ton de la plaisanterie :

« Messieurs, si vous voulez rester ici, vous partagerez notre lit, et il désignait la terre nue, mais je vous conseille plutôt de monter en voiture et de continuer votre route malgré l'heure avancée de la soirée (il était plus de dix heures). Dans une heure, vous arriverez à Paolo et vous trouverez l'auberge, détestable d'ailleurs, que nous avons quittée ce matin. »

Nous suivîmes ce dernier conseil ; nous préférions aller en avant plutôt que de camper par des nuits encore fraîches. Remontés en voiture, nous nous remîmes en marche. Nous courûmes un nouveau danger par l'imprudence d'un Marseillais qui accompagnait l'armée en qualité de marchand ambulant. Il lança son cheval à toute vitesse et vint à passer près de nous au moment où le factionnaire lui criait de faire halte avant de franchir les lignes du quartier général. Il n'obéit pas à cet ordre et la sentinelle fit feu. Nous entendîmes parfaitement la balle siffler entre les deux voitures. Aucun de nous heureusement ne fut atteint. Une heure plus tard, nous étions à Paolo, où nous couchâmes, et le lendemain nous repartîmes de bonne heure pour Civita-Vecchia, où nous ne tardâmes pas à arriver. Là, tous les hôtels étaient remplis des fugitifs de Rome, et ce ne fut pas sans peine que nous pûmes trouver une chambre dans une petite auberge, la *locanda della Pace*. Nous y rencontrâmes Louis Perret et l'abbé de Saint-Pulgent, qui nous racontèrent les incidents de leur voyage par Monterosi. Quatre jours plus tard une frégate partait pour la France ; nous en profitâmes pour quitter l'Italie, qui n'était plus pour nous une terre assez sûre dans l'état d'hostilité où elle était avec la France. Le jour de l'Ascension, 17 mai, notre bateau mouillait dans le golfe de Gênes, et l'un de nos compagnons, l'abbé de Montclar, s'y fixait jusqu'à ce que les événements lui permissent de retourner à Rome.

M. l'abbé de Montclar était parent de l'économiste distingué Frédéric Bastiat. Lorsque les sulpiciens reprirent la paroisse de Saint-Sulpice, ils y appelèrent comme curé M. Hamon, le biographe de saint François de Sales et l'auteur d'ouvrages estimés. M. de Montclar remplit les fonctions de second vicaire pendant trente ans environ, c'est-à-dire jusqu'en 1880.

Mais il est temps de revenir au siège de Rome. L'armée française aurait pu s'emparer de la ville avec une très grande facilité en la bombardant, mais les chefs avaient reçu dans leurs instructions l'ordre d'éviter tout ce qui aurait pu compromettre ses beaux monuments. Les officiers du génie se récréèrent pendant six semaines en traçant des parallèles et des chemins couverts d'après la méthode moderne du siège des villes ; le quartier général avait été établi dans la villa Santucci. Il paraît que les assiégés s'imaginèrent pouvoir amortir les coups des boulets en capitonnant les remparts ; car on réquisitionna une quantité prodigieuse de matelas pris de tout côté, particulièrement dans les maisons abandonnées, et l'armée française jouit un beau matin du curieux spectacle de voir les murailles ressemblant à un vaste échiquier ; elles étaient tapissées de matelas de toute dimension, de toute forme et de toute couleur. Comme on doit bien le penser, les premiers boulets mirent le feu à la laine qui ne protégea ni peu ni prou les vieilles fortifications.

Les gardes nationaux ne consentirent jamais à monter sur les remparts pour défendre Rome ; ils prétextèrent, pour couvrir leur couardise, qu'ils étaient spécialement chargés de veiller à la tranquillité intérieure de la ville et non pas de la défendre contre l'ennemi du dehors.

L'artillerie française ne fit de graves dégâts que sur deux points, indépendamment de la large brèche pratiquée aux remparts du mont Janicule. Les garibaldiens avaient établi une batterie à l'extrémité de l'Aventin, devant l'église du prieuré de Malte. Cette batterie, qui dominait le Tibre, molestait les Français établis sur le *Monte Verde;* il fallait éteindre ce feu. Une canonnade bien nourrie démantela la redoute garibaldienne et ne put pas, en même temps, ne pas renverser l'église de Malte. L'autre point qui souffrit aussi beaucoup du siège et qu'on cribla de boulets, ce fut le pavillon des Quatre-Vents, qui se trouvait placé entre les batteries françaises et la porte Saint-Pancrace.

La grande brèche devint praticable le 2 juillet 1849. L'assaut fut alors donné, et l'armée française, maîtresse de toutes les positions stratégiques, rendit la résistance impossible. Cependant, elle n'entra dans Rome que le lendemain, 3 juillet, laissant ainsi aux garibaldiens et aux triumvirs la facilité de s'évader ; ce qu'ils firent, du reste, en n'oubliant pas, à ce qu'on assure, de remplir leurs poches de tout ce qu'ils y purent mettre.

Quelques Français habitant Rome, ayant donné des signes de satisfaction en voyant passer l'armée française, furent victimes de la haine révolutionnaire, entre autres un ecclésiastique qui, sur la place Colonna, cria: *Vivent les Français !* et qui fut tué à coups de stylet dans une ruelle voisine.

Aussitôt l'ordre rétabli par l'armée française, le gouvernement pontifical fut restauré et l'on confia la gestion de la chose publique à trois cardinaux, qui administrèrent provisoirement jusqu'au retour de Pie IX.

Peu après, Oudinot fut rappelé en France et eut pour successeur le général Rostolan ; d'ailleurs, les changements de général en chef furent assez fréquents pendant les seize années de l'occupation française.

M. Mangin, ancien légitimiste, expulsé de France lors de la révolution de 1830, vivait à Rome depuis cette époque. Lorsque la ville fut menacée de siège et de bombardement, il prit le parti de se retirer à Civita-Vecchia. La considération qu'il acquit alors auprès des officiers lui valut d'être nommé préfet de police pour le compte du gouvernement français.

Le jour même où l'armée française entrait dans Rome, rentrait avec elle, de droit, le gouvernement pontifical. On pensait que le premier acte de Pie IX allait être la publication du grand jubilé de 1850, dont l'ouverture devait avoir lieu à six mois de là ; cependant, le pape, pour des raisons sans doute à lui connues, ne le publia point. D'ailleurs, au lieu de venir directement à Rome en quittant Gaëte, il se rendit à Naples, où le roi mit à sa disposition le gracieux palais de Portici. Le retour du pontife fut retardé de neuf mois et n'eut lieu que le 12 avril de l'année suivante.

Le général Baraguay-d'Hilliers, commandant du corps d'occupation, reçut l'ordre d'aller trouver Pie IX à Portici pour le solliciter de reprendre en mains propres les rênes de l'État et l'assurer du concours et de la protection de la garnison française. C'était une mission délicate et difficile, à cause principalement de l'opposition des ambassadeurs, qui n'avaient pas vu sans une secrète jalousie la France s'attribuer le monopole de la restauration du gouvernement pontifical. Malgré cela, Baraguay d'Hilliers obtint un éclatant succès ; Pie IX lui promit de rentrer à Rome incessamment et il y rentra, en effet, le 12 avril 1850, escorté de tout ce qu'il y avait de plus distingué dans le corps d'occupation. Un escadron de gendarmes à cheval avait fort grand air et frappa singulièrement le pontife par sa bonne tenue. M. de Custine, qui se trouvait par hasard à Rome, assista à l'entrée triomphale de Pie IX ; il en fit une intéressante relation qui parut, à cette époque, dans le *Journal des Débats*.

Nous avons dit que les ambassadeurs accrédités près la cour pontificale s'étaient opposés au retour du pape à Rome ; l'ambassadeur russe se fit remarquer entre tous les autres par une plus vive opposition. Il n'était, d'ailleurs, en cette circonstance, que l'interprète des sentiments de son gouvernement. Le gouvernement moscovite, en effet, témoigna son mécontentement d'abord en rappelant son chargé d'affaires près le saint-siège et en lui donnant un congé illimité, ensuite en publiant, dans un journal de Paris, *l'Événement*, une série d'articles rien moins que bienveillants sur le compte du cardinal Antonelli. Bien que les articles portassent comme signature *l'Ermite du Vatican*, on les attribua communément à la diplomatie russe. On y donnait toute la généalogie de la famille Antonelli, originaire, comme on le sait, du village de Sonnino, au milieu des collines qui avoisinent Terracine, la terre classique et le repaire de tous les brigands de la péninsule ; on y rappelait les principaux traits de la carrière ecclésiastique du cardinal, qui, depuis l'exil de Gaëte jusqu'à sa mort, resta, quoi qu'on pût faire, le conseiller d'État et le confident intime de Pie IX.

A l'époque dont nous parlons, la diplomatie russe montrait une activité extraordinaire et s'occupait de cent affaires qu'on aurait pu croire étrangères, par leur nature, à sa politique et, partant, à ses investigations. L'Europe était remplie de ses agents secrets ou avoués, et aucune nation ne dépensait autant d'argent de ce chef. Il me souvient qu'un ecclésiastique français, dont je tais le nom, fut sollicité d'entrer dans cette espèce de police russe internationale. L'ecclésiastique n'était pas riche, et on lui offrait 100 francs par mois ; c'était une forte tentation pour un pauvre diable qui n'avait pas un *paule* (1) par jour pour vivre. Ceci se passait en 1852, par conséquent, avant la guerre de Crimée. Il me demanda mon avis. Je n'hésitai point à lui donner le conseil de refuser absolument. Il le suivit à la lettre et fit bien, car, peu après, on lui ouvrait les portes d'une hono-

(1) Pièce de 50 centimes.

rable situation qui, s'il avait accepté, lui fussent demeurées hermétiquement closes. Et pourtant, me disait-il, qui aurait jamais pu, à cette époque, soupçonner un agent russe sous l'habit d'un ecclésiastique français ?...

J'ai cru bon, dans l'intérêt du patriotisme et de l'histoire, de recueillir ici le nom de nos soldats tombés au siège de Rome. Ces noms sont gravés sur le marbre, dans l'église de Saint-Louis des Français. Je copie textuellement les épitaphes :

A LA MÉMOIRE DE LEURS CAMARADES

NENON, capitaine de grenadiers — BOUVIER, capitaine de grenadiers.

LAPORTERIE, sergent-major.	AUNAC, fusilier.
MORIZOT, sergent de grenadiers.	ROYER, fusilier.
KIEN, sergent.	ROBERT, voltigeur.
CHARTRAIN, grenadier.	LAUNAY, voltigeur.
EUVRARD, grenadier.	NICOLAS, voltigeur.
BRILLAUD, fusilier.	MÉNARD, voltigeur.

TUÉS AU SIÈGE DE ROME 1849

LES OFFICIERS, SOUS-OFFICIERS ET SOLDATS DU 32ᵉ RÉGIMENT
D'INFANTERIE DE LIGNE

LES OFFICIERS, SOUS-OFFICIERS ET SOLDATS DU 36ᵉ RÉGIMENT
D'INFANTERIE DE LIGNE

A LEURS CAMARADES MORTS DEVANT ROME 1849

D'ASTELET, capitaine — TROUILLEBERT, capitaine.
SALVAGE, capitaine.

LAFOND, sergent.	TEUTSHÉ, grenadier.
BADIER, caporal.	HABRANT, fusilier.
BELLET, caporal.	LEFEBVRE, fusilier.
MOUNOURY, caporal.	MAS, fusilier.
ROUSSEAU, caporal.	PONCET, fusilier.
HAGUARDIO, caporal.	RAYNARD, fusilier.
ROQUEFORT, sapeur.	GONNARD, fusilier.
CHABALIER, grenadier.	LAFEUILLE, voltigeur.
BÉRANGER, grenadier.	NADOT, voltigeur.
GONCET, grenadier.	RAYNAUD, voltigeur.
LAPICOTIÈRE, grenadier.	MAUPOURA, grenadier.
LARGEAUD, grenadier.	GENNY, caporal.
MORELLI, grenadier.	SOPHRONE, voltigeur.
PERINI, grenadier.	LAURENT, fusilier.

ARMÉE FRANÇAISE

LE 16ᵉ RÉGIMENT D'INFANTERIE LÉGÈRE
A LA MÉMOIRE DE
DUMONT, sous-lieutenant.

TELMONT, sergent.
LEGEAY, carabinier.
VINCENT, carabinier.
DAVID, carabinier.
BREZILLON, carabinier.
DEZERVILLE, chasseur.
BROCH, chasseur.
LECTARD, voltigeur.
BERTHELIAUD, carabinier.
LOISEL, sergent.
LECORDIER, carabinier.
BELLIANT, chasseur.
BRUTIN, chasseur.
CHRISTMANN, chasseur.
CHARPENTIER, chasseur.
KUY, chasseur.
DURUP, chasseur.
THIERRY, chasseur.
BRUNET, chasseur.
CASTELLAN, chasseur.
VALLETTE, chasseur.
NAGET, chasseur.
LEMAIRE, chasseur.
LABADIE, chasseur.
COLIN, caporal.
GUILMONT, chasseur.
MEUNIER, voltigeur.
PAFOT, voltigeur.
NUGUES, voltigeur.
MELIN, voltigeur.
ANNÉE, voltigeur.
BEZAMAT, voltigeur.

TUÉS PENDANT LE SIÈGE DE ROME 1849

A

JOSEPH-MADELEINE JOUBERTYE
CAPITAINE ADJUDANT-MAJOR
JOSEPH-VICTOR AUDOUL, LIEUTENANT

MOULET, sergent.
SISSAC, sergent.
CHIPOULEC, caporal.
DUMONTEIL, caporal.
FOURTEL, caporal.
MAYBON, caporal.
DUCHER, carabinier.
MENGELLE, carabinier.
LALOUBÈRE, carabinier.
CANAL, carabinier.
MATHIS, carabinier.
LOUBET, carabinier.
BONNAUS, carabinier.
MAGNAT, carabinier.
BOYER, carabinier.
GILLES, carabinier.
LACOMBE, carabinier.
BENAZECH, carabinier.
MACH, voltigeur.
BELLOT, voltigeur.
BARENNE, voltigeur.
FAURE, voltigeur.
PHILIBERT, chasseur.
LAVIGNE, chasseur.
SAUZÉ, chasseur.
LEFEUVRE, chasseur.
BELUCHÉ, chasseur.
VEZENNE, chasseur.
STUDER, chasseur.
GAUMER, chasseur.

TUÉS SOUS LES MURS DE ROME 1849
LES OFFICIERS DU 25ᵉ LÉGER

IV

Rome a toujours exercé une véritable fascination sur les
esprits élevés. Arrivée à l'apogée de sa gloire, au temps des
empereurs qui lui avaient mis en main le sceptre de la toute-
puissance, elle avait produit plus de chefs-d'œuvre qu'il n'en
faut pour immortaliser le nom d'une cité, capitale d'un grand
peuple. Quand les Césars vaincus descendirent de leur trône
pour y laisser les papes s'asseoir à leur place, et que le Vatican eut découronné le Capitole, Rome, siège du monde civi-
lisé, devint le siège du catholicisme. Des monuments nouveaux furent construits, parfois sur les ruines des monuments
anciens, plus souvent à côté de ces ruines imposantes, que
l'on restaurait avec intelligence, pour les conserver avec un
soin jaloux. A la place d'une société tombée en décrépitude
par l'excès même de la civilisation, s'éleva une société nouvelle, rajeunie par la morale du Christ, que les papes avaient
d'abord implantée à Rome, pour la faire rayonner de là sur le
monde entier.

C'est à Rome que tous les artistes se donnèrent de bonne
heure rendez-vous pour y étudier l'art dans ses sources les
plus pures, et pour se former le goût au contact des chefs-
d'œuvre de toute nature, qui sont restés, pour un grand
nombre, des monuments inimitables.

Autrefois, l'accès de Rome était difficile. Le voyage par
terre, fort onéreux, durait au moins dix jours ; mais, lorsqu'en
1840 on eut établi, de Marseille à Civita-Vecchia, un service
régulier de bateaux, les pèlerins et les touristes affluèrent de
tous côtés vers la ville éternelle. C'est à partir de cette époque
surtout que nous voyons des Français y venir fréquemment,
et même s'y établir en assez grand nombre.

La transformation de Saint-Louis des Français en communauté ecclésiastique eut lieu en 1843. Une modification du règlement, en date du 1ᵉʳ mars 1843, définitivement adoptée le 18 février 1845, donna à notre maison nationale à peu près la physionomie que nous lui voyons aujourd'hui. Jusque-là, Saint-Louis avait été un hospice desservi par quelques chapelains nommés à vie. M. de la Tour-Maubourg, ambassadeur près le saint-siège (1), demanda au pape de désigner un visiteur apostolique, à l'effet de faire autoriser les changements que réclamait la transformation de l'établissement. On ne pouvait pas, sans la permission du souverain pontife, lui donner une destination autre que celle qu'avaient prescrite les bienfaiteurs en léguant leurs biens à cet hôpital. Tout changement, en effet, aux volontés testamentaires d'un défunt exige l'intervention du pape, non pas à titre de souverain spirituel qu peut dispenser des lois canoniques, mais comme interprète du droit divin, lequel comprend l'interprétation de la volonté des personnes défuntes. Grégoire XVI désigna, pour examiner la question, le cardinal Orioli, qui avait été curé en France, au temps de Napoléon, et qui, avant d'être promu au cardinalat, fut élu général de l'ordre des conventuels (2). C'était un homme fort distingué. On le nomma préfet de la Congrégation des Évêques et Réguliers, lorsque l'éminentissime Odescalchi eut donné sa démission pour entrer dans la compagnie de Jésus.

De concert avec l'ambassadeur, Orioli élabora le nouveau règlement, qui instituait à Saint-Louis douze postes pour des chapelains qui séjourneraient à Rome pendant trois ans, et y acquitteraient les pieuses fondations dues à d'insignes libéralités, en même temps qu'ils y pourraient perfectionner leurs études ecclésiastiques.

Les anciens chapelains de l'hôpital Saint-Louis furent invi-

(1) Le comte Septime de la Tour-Maubourg avait succédé à Just-Pons-Florimond de Fay, marquis de la Tour-Maubourg, né à Paris le 9 octobre 1781, mort à Rome le 23 mai 1837.

(2) Nom donné, pour les distinguer des observants, à ceux des franciscains qui voulurent jouir du privilège qu'ils avaient obtenu du pouvoir posséder des biens-fonds et des rentes.

tés à donner leur démission, et reçurent comme compensation une pension viagère. Le plus connu d'entre eux a été l'abbé Clerc, du diocèse de Perpignan, qui continua à résider à Rome, où il occupa ses loisirs en remplissant les fonctions d'agent ecclésiastique à prix réduit. Il n'exigeait, en effet, que 50 centimes pour chaque affaire, abandonnant généreusement aux diocèses ou aux particuliers le surplus de la taxe appartenant à l'agent. L'abbé Clerc avait, pour ainsi dire, placé son quartier général dans le magasin d'objets religieux que tenait, dans la via Santa Chiara, Mme Mercurelli, la belle-sœur du prélat, secrétaire de la consistoriale, qui vit encore (1889) [1].

En 1846, au moment de l'élection de Pie IX, du personnel qui composait Saint-Louis des Français, j'ai retenu les noms suivants :

M. l'abbé de Bonnechose, supérieur (15 novembre 1844-2 mars 1848) ;

M. l'abbé Jules Level, qui succéda à M. de Bonnechose, comme supérieur, le 2 mars 1848, et mourut dans l'exercice de sa charge, le 29 janvier 1871 ;

M. Nestor Level, frère du précédent, mort quelques années plus tôt, le 4 janvier 1855 ;

M. Héry, correspondant du *Journal des Débats ;*

M. Cheruel, correspondant de *l'Univers*, lequel s'occupa beaucoup de l'affaire des jésuites, lorsque, sous le gouvernement de Louis-Philippe, on demanda de nouveau leur suppression à Grégoire XVI. Son intervention dans cette affaire lui procura une infinité de désagréments qui l'obligèrent à quitter Rome dès l'année suivante (1847) :

M. de Saint-Pulgent, actuellement chanoine de la primatiale de Lyon ;

M. Figarella, d'origine corse. C'était un homme d'une exactitude mathématique. Ayant été nommé pour trois ans confesseur des religieuses du Bon-Pasteur, il se rendait à leur monas-

---

(1) Nous avons laissé ici et dans maint endroit des détails un peu puérils comme ceux-ci ; il nous semble qu'en les retranchant nous eussions enlevé à ces souvenirs leur caractère de bonhomie quasi sénile qui ne manque pas de charme dans sa prolixité.

tère une fois la semaine, à 3 heures de l'après-midi. S'il arrivait quelques minutes avant que l'heure fût sonnée, il attendait à la porte, quelque temps qu'il fît, et les instances des religieuses ne purent jamais vaincre sa bizarre obstination pour la régularité à outrance ;

M. de Villiers de l'Isle-Adam, de la famille des grands maîtres de Rhodes.

M. Testard du Cosquer, qui, depuis, fut successivement curé de Brest et archevêque d'Haïti ;

M. Simon de Latreiche, et d'autres encore dont le nom m'échappe;

M. l'abbé de Bonnechose avait fait précédemment deux voyages à Rome. Il y vint la première fois en 1838, avec l'abbé Bautain, pour se soumettre à la censure que le saint-siège prononça contre les doctrines philosophiques professées à Strasbourg par ce dernier. La rétractation eut lieu en présence du cardinal Mezzofante, bibliothécaire de la Vaticane, le fameux polyglotte, délégué à cet effet par le cardinal-préfet de la Sacrée Congrégation des Évêques et Réguliers (1). La

(1) Cette déclaration fut souscrite par MM. Bautain et de Bonnechose, qui comparurent devant le cardinal Mezzofante. Copie en fut ensuite adressée par la Sacrée Congrégation des Évêques et Réguliers à l'évêque de Strasbourg avec la lettre suivante :

« Nos infrascripti vehementer dolentes de angustiis quos illustrissimus ac reverendissimus episcopus noster cepit propter quasdam a nobis traditas, scriptisque per nos editis consignatas doctrinas, cum debita subjectione et perfecta cordis sinceritate declaramus, non aliam nos intendere nec velle doctrinam tenere, nisi quam catholica tenet Ecclesia, ideoque quidquid in iisdem per nos editis operibus esse possit doctrinæ sanctæ matris Ecclesiæ quomodocumque contrarium, vere et ex animo retractamus. At que, ut omnis a nobis suspicio amoveatur, quæ edidimus scripta cuncta ad pedes sanctissimi domini nostri Gregorii XVI P. M. deposita volumus, nosque illius supremæ auctoritati plane subjectos profitentes spondemus ac pollicemur, nos et judicio quod de memoratis nostris operibus ferre Romano Pontifici placuerit, firmissime adhæsuros, et omnibus quæcumque jusserit humiliter atque incunctanter obtemperaturos. Interea, ut ortæ offensioni occurratur, nos et ore et scripto ab omnibus abstinebimus, quæ a probatorum auctorum doctrina recedere seu periculosæ novitatis speciem præsefere videbitur. — Romæ, 17 maii 1838. L. Bautain, m. p., H. de Bonnechose, m. p. »

Die 17 mensis maii prædictam declarationem DD. L. de Bautain et H. de

soumission fut, d'ailleurs, sincère, complète et très édifiante.

Le second voyage de M. l'abbé de Bonnechose, à Rome, eut lieu en 1844. Il fut chargé par M. Bautain de demander au saint-siège d'approuver une nouvelle congrégation de Saint-Louis, destinée, dans sa pensée, à remplacer les jésuites que le gouvernement de Louis-Philippe avait le dessein d'expulser de France, comme au temps de Louis XV et de Clément XIV. La congrégation aurait eu une annexe de femmes, les dames de Saint-Louis. M⁣ᵍʳ Corboli écrivit au sujet de cette affaire et, du même coup, contre les doctrines professées par M. Bautain, M. de Bonnechose et toute l'école de Strasbourg, un mémoire si « pétillant d'esprit » que l'on croirait lire un chapitre inédit des *Provinciales*, de Pascal.

La Sacrée Congrégation des Évêques et Réguliers refusa, bien entendu, d'approuver les constitutions de l'Institut en

Bonnechose manu propria coram me subscripserunt. — JOSEPH, card. MEZZOFANTE.

Ex audientia Sanctissimi die 18 maii 1838. Ex mandato Sanctissimi scribatur epistola episcopo argentinensi juxta minutam.

Ad diocœsim Amplitudinis Tuæ sacerdotes Bautain et Bonnechose redeunt, qui propter notas a quibusdam doctrinis suis exortas controversias se Romam contulerunt. Optarunt hinc discedentes ad Amplitudinem Tuam deferre litteras, quas Sacra Hæc Congregatio Episcoporum et Regularium, illorum votis obsecundans eo libentius dedit, quo sibi magis persuasum est easdem non solum ipsis inservire, sed ad tranquillitatem etiam animi tui, jamdiu eam ob causam perturbati posse conducere. Scripta quibus continentur quæ controversiarum causa extiterunt ambo supradicti sacerdotes ad pedes Sanctissimi D. N. Gregorii XVI humillime deposita voluerunt, simulque declarationem emiserunt, qua plenam suam submissionem testati, ac professi sunt, prout in exemplari, quod hic adnectitur plane perspicies. Hanc declarationem Sanctissimus Dominus Noster acceptam habuit; quocirca in spem venit omnem angustiarum et offensionum causam exinde desituram. Iidem sacerdotes, toto quo hic Romæ commorati sunt tempore, probatam, dignamque ecclesiasticis viris vitæ rationem servarunt. Quamobrem benignitati Amplitudinis Tuæ se magis magisque commendarunt adjicitque Sacra Congregatio majores quas pro iisdem potest commendationes. Et quoniam alios etiam in ista diœcesi illorum doctrinis relatum est adhæsisse, quandoquidem isti etiam sese eodem modo subjicientes hanc ipsam declarationem. Cum omnibus suis clausulis emiserint, eosdem quoque hisce litteris commendat, ut illos pari benignitate complectaris. Romæ, XIII kalendas junii 1838. J. card. JUSTINIANUS. *N. B.* M. de Bautain ha prodotto un sistema nelle sue opere, col quale toglie tutto alla ragione, estollendo piu del giusto] la rivelazione, ripetendo anche della medesima le verità naturali.

projet, et se contenta de décerner un bref laudatif aux intentions des fondateurs.

La même année, Saint-Louis des Français ayant été transformé comme nous l'avons dit, M. l'abbé de Bonnechose en fut nommé supérieur. Il quitta l'institut de M. Bautain et prit possession de sa nouvelle charge. Il ne devait pas l'exercer longtemps; moins de quatre ans après, il était désigné à l'évêché d'Évreux. Ce fut la dernière nomination épiscopale faite par le gouvernement de Louis-Philippe, avant la révolution de février. Mgr de Bonnechose, présidant une réunion de la conférence de Saint-Vincent de Paul, profita de la circonstance pour faire ses adieux à la communauté.

Il a occupé successivement le siège d'Évreux, celui de Carcassonne et enfin le siège archiépiscopal de Rouen, rétablissant dans chacun des diocèses où il passait [la liturgie romaine, depuis longtemps tombée en désuétude, d'ailleurs, dans la plupart des églises de France. Devenu cardinal-archevêque de Rouen, sous l'Empire, il était de droit sénateur et assistait quelquefois aux séances. C'est dans l'une de ces séances qu'il prononça cette phrase qu'on lui a si souvent reprochée : « Mon clergé est un régiment; je lui commande de marcher et il marche. » Après 1870 et dans les dernières années de sa vie, Mgr de Bonnechose fit, sans résultat, différentes tentatives de restauration bonapartiste et se rendit plusieurs fois, dans ce but, en Angleterre. Les détails de ces négociations sont racontés tout au long dans une série d'articles publiés par *le Figaro*, et dus à la plume de M. Balleydier, autrement dit Eugène Loudun, lequel se couvrit, pour la circonstance, du voile d'un nouveau pseudonyme.

M. l'abbé Level, qui succéda à Mgr de Bonnechose, avait toujours été un modèle de simplicité et de modestie. Après sa nomination comme supérieur de Saint-Louis, il nous parut vérifier encore une fois l'axiome : *Honores mutant mores.* Nommé protonotaire apostolique, à la suite de l'expédition française de 1849, qui restaura le gouvernement pontifical, il sembla perdre quelque peu la simplicité qui avait fait jusquelà le fond de son caractère, simplicité qui sied pourtant si bien aux hommes placés dans des situations supérieures. Ses amis firent, m'a-t-on dit, de vains efforts pour lui obtenir un siège épiscopal, juste récompense de ses brillantes qualités. Il mourut, dans l'exercice de sa charge, le 29 janvier 1871, âgé de soixante-neuf ans, après avoir été, vingt-trois années durant, supérieur de Saint-Louis des Français. Sa prédication était très suivie et très goûtée. Il avait conservé, de ses rapports avec M. Bautain, des principes de philosophie et des théories morales qui ne manquaient ni d'originalité, ni de distinction. Lui et son frère Nestor descendaient d'une famille israélite de Strasbourg, comme aussi le fondateur du séminaire français, de la via Santa Chiara, le vénérable Liberman.

Les deux frères reposent non loin l'un de l'autre, dans la nef latérale droite de l'église Saint-Louis, et l'épitaphe du supérieur résume, en quelques mots, ses qualités dominantes : « C'était un homme droit, remarquable par sa charité envers les pauvres et son zèle pour le salut des âmes; sa mémoire est bénie (1). »

M. Cheruel était, nous l'avons dit, le correspondant du jour-

(1) Voici l'épitaphe des deux frères Level, telle que nous l'avons copiée sur les dalles de l'église de Saint-Louis des Français à Rome :

I. HIC QUIESCIT IN D⁽ᵉ⁾ JULIUS LEVEL NANCEI IN GALLIIS NATUS QUI A CŒCITATE JUDAICA AD FIDEM CHRISTIANAM CONVERSUS, POSTEA AD SACERDOTIUM EVECTUS ET PROTONOTARII APOST. HONORIBUS A S. P. PIO IX INSIGNITUS HANC S. LUDOVICI FRANCORUM ECCLESIAM XXIII ANNOS SUMMA PRUDENTIA REXIT.

ERAT HOMO RECTUS CHARITATE ERGA PAUPERES ET ZELO ANIMARUM CONSPICUUS CUJUS MEMORIA IN BENEDICTIONE EST. OBIIT ROMÆ DIE XXIX JANUARII. AN. SAL. MDCCCLXXI ÆTATIS SUÆ LXIX. — IN PACE.

II.

HIC SITUS EST

CARNIS RESURRECTIONEM EXPECTANS

MARIA LUDOVICUS FRANCISCUS NESTOR LEVEL

CAPELLANUS HUJUS ECCLESIÆ

NATUS NANCEI XXII MAII MDCCCV

DECESSIT ROMA IV JANUARII MDCCCLV

IN FIDE VIXI FILII DEI QUI DILEXIT

ME ET TRADIDIT SEMETIPSUM PRO ME

FRATER DILECTISSIME IN CHRISTO VIVAS SEMPER !

ORATE PRO EO

nal *l'Univers*. En apprenant que M. Rossi, l'ambassadeur de France, avait été envoyé à Rome pour négocier avec le pape, au nom de Louis-Philippe, la suppression des jésuites, il crut de son devoir d'ébruiter l'affaire et de contrecarrer, s'il lui était possible, une mesure qui ne pouvait pas plaire au journal et à ses lecteurs. Mais il avait à compter sans de fins diplomates. On lui suscita mille difficultés. A la fin, de guerre lasse, il quitta Saint-Louis des Français, abreuvé d'amertumes, et partit pour la France en février 1847.

Quelques années plus tard, nous retrouvons l'abbé Cheruel, appelé par Mgr Gerbet, le nouvel évêque de Perpignan. Il avait reçu des lettres de vicaire général; toutefois, il ne put occuper longtemps ce poste, à cause de son esprit turbulent, qui mécontenta une partie du diocèse, au point que Mgr Gerbet dut le prier de résigner ses fonctions. Rentré à Paris, M. Cheruel fut nommé, en 1867, curé de Saint-Honoré. En 1870, il réédita, avec une nouvelle préface, le traité de Louis Abelly sur l'infaillibilité pontificale. Transféré, vers cette époque, à la cure de Saint-Germain des Prés, il y resta peu de temps : une maladie mentale l'atteignit et le força à quitter le ministère.

L'abbé Héry était le correspondant du *Journal des Débats*, et passait une grande partie de ses journées dans la librairie Merle, au bureau d'abonnement du journal, à l'angle de la place Colonna et du Corso. La librairie Merle était le cercle où se réunissaient quelques Français pour s'entretenir, sans se fatiguer et avec une émotion toujours croissante, des vertus bourgeoises de Louis-Philippe. Merle, Héry et un certain Adolphe, neveu de Merle, ne tarissaient pas d'éloges quand ils racontaient les moindres particularités de la vie privée du roi de France. L'un d'eux rappela un jour que Louis-Philippe avait conservé un lit commun avec la reine, et tout le monde de pousser l'attendrissement jusqu'aux larmes. Tantôt on vantait la sobriété du roi, qui se contentait chaque jour d'une poule au riz. C'était, d'ailleurs, au dire de nos fervents orléanistes, une coutume bourbonnienne introduite par Henri IV, continuée ensuite par Louis XIV et Louis XVIII, et Merle tirait de là un argument qu'il qualifiait d'irréfutable, en faveur de la légitimité de Louis-Philippe et de sa dynastie comme héritière de la branche aînée des Bourbons.

Chacun des habitués de la librairie Merle avait son anecdote particulière. Héry, par exemple, affirmait que Louis-Philippe ne se couchait pas qu'il n'eût pris des notes détaillées sur les événements du jour et les personnages qu'il avait vus. « Pie IX, ajoutait-il, fait de même, et c'est à cette pratique qu'il doit la merveilleuse mémoire sur les hommes et sur les choses dont il est doué. » Un autre racontait encore, en prétendant que c'était le propre d'un génie distrait par des conceptions élevées, cette inexplicable manie qu'avait, paraît-il, Louis-Philippe de déboutonner les vêtements de son interlocuteur. Mgr Affre, à l'issue d'un long entretien qu'il avait eu avec le roi, dans l'embrasure d'une fenêtre d'un des salons les plus fréquentés du Palais-Royal, était sorti fort embarrassé et ne sachant quelle contenance prendre. Sa soutane avait été plusieurs fois boutonnée et déboutonnée dans le cours de la conversation, sans que Sa Majesté parût prendre garde au désagrément dont l'archevêque lui donnait, entre temps, des signes pourtant très manifestes.

Un troisième exaltait jusqu'aux nues l'économie du roi, en même temps que sa frugalité. S'il faut l'en croire, Louis-Philippe n'aurait jamais consenti à avoir un cuisinier attaché à sa personne, mais aurait vécu en pension, pour ainsi dire, chez son cuisinier, auquel il comptait 5 francs par convive et par repas, le vin non compris.

Tel était le thème des conversations qui se tenaient dans la librairie du Marseillais Merle, lequel, à l'occasion, et selon l'importance des événements, savait prendre, assis à son comptoir, l'air fûté d'un diplomate, voire même la solennité d'un ministre de l'intérieur. Il pérorait à perte d'haleine sur la politique de Louis-Philippe et sur celle du *Journal des Débats*, se croyant, pour le faire, l'étoffe d'un Thiers ou d'un Guizot. Le pire était que notre libraire, sans s'en rendre peut-être un compte exact, corrompait insensiblement la ville de Rome, en y répandant un stock de romans des George Sand, des Balzac, des Sainte-Beuve et d'autres auteurs de l'école qu'on a appelée *libérale moderne*. Il avait le talent d'endormir, avec un peu d'or, les corruptibles douaniers, et de faire passer ses livres sans qu'ils fussent signalés à la vigilante censure.

Mme Merle, elle, n'avait pas l'envergure de son mari. C'est cependant grâce à l'ordre qu'elle mit dans les affaires de la maison qu'est due, au dire de M. Merle, la grande fortune dont a hérité une fille unique, issue de leur mariage.

L'abbé de Villiers de l'Isle-Adam lutta pendant vingt ans contre sa vocation, de sorte qu'il était déjà relativement âgé lorsqu'il entra dans la carrière ecclésiastique. Il avait été réclamé au chevet de son frère mourant, et là, sous le coup d'une émotion indicible, il promit à Dieu de ne plus résister à son appel s'il rendait la vie au pauvre moribond. La faveur qu'il sollicitait lui ayant été accordée, de l'Isle-Adam se mit en route pour Rome, en faisant préalablement un long circuit en Allemagne.

Pendant les troubles de la fin du dix-huitième siècle, les de Villiers de l'Isle-Adam avaient largement payé le tribut du sang à l'hydre révolutionnaire. Cinquante personnes de la famille environ furent guillotinées ou fusillées, tous leurs biens furent confisqués et vendus. L'abbé de Villiers avait, à l'époque dont nous parlons, sa sœur aînée religieuse dans l'Institut de la Croix de Guingamp, fondé par saint Vincent de Paul (1).

L'abbé de Villiers de l'Isle-Adam, étant arrivé à Rome en mai 1846, entra à Saint-Louis peu de temps après. Il était prêtre au moment du siège de la ville par les Français, en 1849 ; aussi se dévoua-t-il au ministère des hôpitaux et au soin des blessés.

« J'ai plus de facilité, me disait-il, à confesser dix garibaldiens qu'un Français, » voulant faire entendre que le garibaldien connaissait bien sa religion alors que nos soldats, en

____

(1) L'Institut de la Croix fut en effet fondé par saint Vincent de Paul, comme on le voit par ces mots tirés de la Légende du bréviaire qu'on lit le jour de sa fête : *Puellas quoque tum de Cruce tum de Providentia, ac sanctæ Genovefæ ad sequioris sexus educationem erigendas curavit.*

raison des pratiques de l'enseignement public d'alors, en ignoraient jusqu'aux éléments les plus élémentaires.

Après avoir passé six ans à Rome, de l'Isle-Adam partit, en 1852, pour Saint-Brieuc, son pays natal, et fut nommé curé de Saint-Nicolas du Pelem, une petite paroisse au bord de la mer. En 1858, il faillit devenir archevêque. En effet, lorsque Mgr Poirier, évêque de Roseau, eut refusé l'archevêché d'Haïti, on me demanda si je connaissais un sujet distingué qui pût occuper ce poste important. Je proposai deux noms : celui de du Cosquer, curé de Brest, et celui de l'abbé de l'Isle-Adam. On choisit du Cosquer, et l'abbé de l'Isle-Adam continua à régir sa petite paroisse de Saint-Nicolas du Pelem. Il est regrettable, je crois, que cet homme de mérite ait été condamné à rester toute sa vie dans une situation inférieure à son mérite et à sa naissance.

Vit-il encore ? Je l'ignore. Je sais seulement que son frère Victor fut proposé, comme lui, à un poste supérieur et que, comme lui, il ne l'obtint pas. Il faillit être, m'a-t-on assuré, rien moins que roi de Grèce (1).

Avant d'être successivement chapelain de Saint-Louis des Français et de Lorette, Simon de Latreiche avait été anachorète dans le diocèse de Spolète, au temps où Mgr Mastaï Feretti — plus tard Pie IX — en était archevêque.

Pendant un voyage que Latreiche faisait en Italie, il apprit qu'un vieil ermite espagnol vivait fort retiré au sommet des Apennins. Aussitôt, il alla le trouver, lui demanda de partager sa vie rude et solitaire, et se mit résolument sous sa direction. Mais le maître, dans la vie spirituelle, qui était pour lui-même d'une grande austérité, n'était guère plus tendre vis-à-vis du néophyte.

On lit dans la vie de saint Romuald que celui-ci fut le disciple de saint Marin ; or, saint Marin lui donnait force coups de bâton chaque fois que le pauvre Romuald commettait quelque faute dans la récitation de l'office. La même

(1) Je regrette que Mgr Chaillot ne m'ait pas donné des renseignements suffisants sur un point aussi curieux.

chose arriva à Latreiche qui, plus d'une fois, les épaules meur-
tries, eut la pensée de déserter la montagne et de regagner la
plaine.

Au temps où l'archevêque de Spolète faisait la visite pas-
torale, il gravit les sommets des Apennins et alla visiter le
vieil ermite espagnol. Celui-ci découvrit, dit-on, au futur pape,
quelques secrets importants sur l'avenir.

Après la mort de son maître, Latreiche partit pour Rome où
il ne tarda pas à être ordonné prêtre, puis à devenir chapelain de Saint-Louis des Français. Un peu plus tard, une chapellenie de Lorette étant venue à vaquer, il la sollicita et l'obtint.

C'est là que Latreiche a passé le reste de sa vie, partageant
son temps entre l'étude et la pratique de l'hospitalité vis-à-vis
des Français venus en pèlerinage au célèbre sanctuaire. Il
écrivit plusieurs ouvrages de théologie et d'histoire. Il était
d'ailleurs fort versé dans la connaissance de saint Thomas
d'Aquin dont il avait expliqué la *Somme* à ses collègues pendant son temps de chapellenie à Saint-Louis.

Je le revis dans un voyage que je fis à Lorette au mois de
novembre 1864 et je visitai avec lui le champ de bataille de
Castelfidardo. Il me montra, entre autres choses, l'arbre auprès duquel Pimodan reçut le coup mortel(1). En ce temps-là,
Latreiche avait achevé ses lettres sur le clergé français et venait d'entreprendre différents traités de théologie d'après les
écrivains mystiques.

Latreiche était fort hospitalier et invitait volontiers à sa table.
Il ne servait jamais qu'un plat très abondant qu'il arrosait co-
pieusement de vin du cru. Eût-il eu des convives de distinction, il ne changeait rien à son ordinaire. Chacun, d'ailleurs,

(1) Pimodan a été déposé dans l'église de Saint-Louis des Français. Sa
pierre sépulcrale contient l'épitaphe suivante :

ICI REPOSE

GEORGES DE PIMODAN

NÉ LE 22 JANVIER 1822

MORT LE 18 SEPTEMBRE 1860

EN PAIX

était averti au commencement du repas qu'il pouvait retourner au plat unique composant le menu autant de fois que le comporterait son appétit.

Légitimiste convaincu, Latreiche a, toute sa vie, espéré voir s'effectuer le retour du comte de Chambord. « Quand Henri V, disait-il plaisamment, sera remonté sur le trône de ses pères, s'il connaît l'ardeur de mes opinions, il me devra bien, en bonne justice, au moins un évêché ; mais je lui en fais grâce pourvu que mon maigre traitement de chapelain soit augmenté de 1 000 francs. » Latreiche est mort en 1879 sans avoir vu se réaliser ses espérances, le rêve de sa vie. Il a été remplacé par Mᵍʳ de Marsy, camérier de Sa Sainteté.

S'il est vrai que le gouvernement français ait connu les pourparlers qui eurent lieu en 1847 entre le prince Louis-Napoléon et la compagnie de Jésus, on s'explique un peu qu'il en ait pris ombrage et qu'il ait envoyé à Rome un ambassadeur spécial chargé de demander leur suppression. Il avait choisi à cet effet M. Rossi, ainsi que nous l'avons déjà dit.

Né à Carrare, Rossi, comme carbonaro, avait été contraint de s'exiler. Il se réfugia en France où ses talents exceptionnels lui valurent un excellent accueil. Le gouvernement créa même en sa faveur une chaire de droit constitutionnel qu'il lui confia. Les cours du savant professeur furent remarqués au point qu'on les recueillit dans un volume classique que l'on consulte souvent encore.

Sur le monument élevé en son honneur, on lit :

HIC DORMIT

GEORGIUS DE PIMODAN

QUEM PRO SEDE APOST. MAGNÆ ANIMÆ PRODIGIUM

PIUS IX PONT. MAX.

SUÆ ET ECCLESIÆ ROM. NOMINE

SOLLEMNI FUNERE HONORAVIT

VIXIT A. XXXVIII M. VII

D. XX OCCIDIT

XIII K. OCT. A. MDCCCLX

EMMA DE COURONNEL UXOR

GABRIEL ET CLAUDIUS FILII MON. POS.

Tel était le nouvel ambassadeur que Louis-Philippe envoyait à Rome pour solliciter de Grégoire XVI, non seulement l'expulsion des jésuites du territoire français, mais encore, paraît-il, de nouveau leur destruction totale comme au temps de Clément XIV. Si le roi se flattait du succès, il montrait, à vrai dire, une grande naïveté. Était-il possible qu'après avoir successivement détruit et ressuscité la Compagnie, et tout cela dans un quart de siècle, on pût songer à la faire de nouveau rentrer dans la tombe d'où Pie VII l'avait tirée ?

Or, à cette époque, demeuraient ensemble dans la via Felice, prolongement de la via Sistina, deux ecclésiastiques qui prétendaient être bien informés sur les négociations : M. l'abbé Castan, neveu de Mgr Affre, archevêque de Paris, aujourd'hui chanoine à Moulins, et M. l'abbé Papelart. L'abbé Castan, qui n'était pas encore prêtre, servait chaque jour la messe à M. Papelart dans l'église des dames du Sacré-Cœur. En ce même temps vivait aussi, au couvent de la Trinité-des-Monts, la fameuse Bretonne, Mlle de Kersabiec, qui avait été mêlée aux événements de 1832, et était entrée en religion après le triste épisode que l'on sait de la vie de la duchesse de Berry. Les deux abbés firent la connaissance de Mlle de Kersabiec, mais leurs rapports avec elle ne furent pas de longue durée, attendu que Mlle de Kersabiec ne tarda pas à demander et obtint dispense de ses vœux.

M. Papelart quitta Rome bientôt après, et l'abbé Castan, qui voulait prendre la prêtrise dans la ville éternelle et qui n'avait que vingt-trois ans, sollicita une dispense d'âge. On ne pouvait pas refuser cette faveur au neveu de l'archevêque de Paris. Il prit donc part à l'ordination malgré son jeune âge, et, comme la vie solitaire qu'il menait depuis le départ de son compagnon n'était pour lui rien moins qu'agréable, il partit pour la France le soir même de la cérémonie.

Il y avait également à Rome un homme dont le frère a joué un grand rôle, à la fois comme homme de lettres et homme politique, je veux parler de Mgr de Falloux, créé plus tard cardinal. Ayant appris, je ne sais comment, la mission de M. Rossi, il crut bon de s'offrir comme arbitre entre l'ambassadeur et les jésuites. Il portait aux jésuites les propositions de l'ambassadeur et transmettait à l'ambassadeur les réponses des jésuites. Bientôt, le résultat des négociations parut si extraordinaire, qu'un jour vint où les parties intéressées sentirent la nécessité de s'aboucher sans intermédiaire. Mgr de Falloux fut, paraît-il, désavoué de part et d'autre. L'ambassadeur protesta qu'il ne l'avait jamais chargé de faire aux jésuites les communications qu'on lui attribuait, et les jésuites, de leur côté, déclarèrent solennellement qu'ils n'avaient point songé aux contre-propositions que le médiateur leur imputait.

A la mort de Grégoire XVI, Rossi continua-t-il d'exercer sa mission auprès de Pie IX? Nous n'avons aucun indice qui nous permette de le supposer.

Mgr d'Isoard était auditeur de Rote pour la France. Le tribunal de la Rote, comme on le sait, se compose de douze auditeurs pris dans les différentes nations de la chrétienté. Cette organisation s'explique parce que, à l'époque où elle fut instituée, la Rote était le grand parlement central du monde catholique, et que toutes les affaires, aussi bien au for civil qu'au for religieux, y étaient déférées.

En 1815, Consalvi avait modifié ce tribunal au point que la Rote n'était plus qu'une sorte de cour de cassation pour les affaires civiles de l'État pontifical. Malgré ce changement, l'Espagne, le Portugal, la France et l'Autriche continuèrent de nommer des auditeurs de Rote nationaux qui ne pouvaient plus rendre de services à leur pays, attendu que leurs fonctions judiciaires ne s'exerçaient plus que pour les causes civiles, dans le ressort exclusif des États du pape.

Le tribunal de la Rote eut ses beaux jours et connut l'ère des prospérités. Quelques-uns de ses juges se distinguèrent grandement; Marquemont, par exemple, qui devint cardinal et archevêque de Lyon, et qui vivait au temps de saint François de Sales.

L'histoire a conservé aussi les noms des de Canillac, de Retz, d'Isoard, dont les décisions rotales ont fait loi et sont encore fréquemment invoquées, dans les plaidoiries, par le barreau romain.

Mgr d'Isoard fut installé dans ses nouvelles fonctions au mois de mai 1846. Il prit à la Sapience le grade de docteur avec beaucoup d'éclat et de solennité. Avant d'entrer dans la carrière ecclésiastique, il s'était marié et avait eu deux filles. Il les amena à Rome avec lui et elles entrèrent, pour achever leur éducation, chez les religieuses de la Trinité-des-Monts, dont la supérieure, Mme de Coriolis, descendait, comme Mgr d'Isoard, d'une famille parlementaire de Provence.

Malheureusement, le savant prélat n'occupa pas longtemps cette charge. Un jour qu'il était allé se promener dans la campagne romaine, il s'attarda au pont d'Ostie, assistant curieusement aux ébats des sarcelles et des pigeons qui abondent en ces lieux déserts. Il y prit la mal'aria qui le conduisit en quelques jours au tombeau.

A cette époque, Mgr Pierre Lacroix était clerc national pour la France. Les fonctions de clerc national consistent à se présenter en consistoire, à l'effet de demander le pallium, insigne de la juridiction épiscopale pour les archevêques des pays catholiques, et comme les promotions d'archevêques sont assez rares, il en résulte que le poste de clerc national est une sorte de sinécure.

Le droit canon veut qu'on demande le pallium *instanter, instantius, instantissime*. Au moyen âge, alors que le pape n'avait pas repris l'institution canonique des évêques, mais avait laissé aux métropolitains le soin de les installer sans aucune bulle du saint-siège, on conçoit que la concession du pallium fût d'une souveraine importance. C'était, de la part de Rome, un *confirmatur*, une quasi-investiture des métropolitains auxquels il était expressément défendu, aux termes du droit canon, d'exercer les fonctions métropolitaines et même les fonctions épiscopales avant d'avoir reçu le pallium romain. Aujourd'hui que la confirmation et l'institution canoniques de tous les archevêques et évêques sont réservées aux papes, en vertu du concordat de 1515, il en est résulté que l'envoi du pallium semble devenir une simple formalité, un pur cérémonial. Nonobstant, l'ancienne discipline est toujours en vigueur, et le nouvel archevêque ne peut ni faire d'ordi-

nations, ni confirmer, ni convoquer le concile provincial, ni
recevoir les appels des diocèses suffragants, avant d'avoir reçu
le pallium.

M⁰ʳ Lacroix était un homme de beaucoup d'esprit. Il a ré-
digé jour par jour des notes détaillées sur les événements de
ce temps-là, et ces notes formeraient sans doute des mémoires
intéressants qui mériteraient, je crois, d'être publiés. Il était
fort érudit et s'occupait particulièrement d'archéologie et d'histoire (1). Pendant plusieurs années il fit partie du Conseil
d'administration des pieux établissements français à Rome
avec le premier secrétaire d'ambassade et un membre de la
colonie française.

Il est mort sans doute à un âge fort avancé. Il me souvient,
en effet, de l'avoir rencontré à Paris, en 1867, parcourant la
rue Cassette et cherchant une maison qu'il y avait habitée en
1797, c'est-à-dire soixante-dix ans auparavant. Je crois me
rappeler, au sujet de M⁰ʳ Lacroix, la particularité suivante : c'est
que cet homme de valeur fut pendant quarante ans camérier
du pape, sans que personne eût la pensée de le proposer à
une prélature supérieure. Un secrétaire d'ambassade y songea

(1) Il a publié entre autres choses : *la Lorraine chrétienne et ses monuments à Rome*, in-8°, Nancy, 1854 ; *Monuments lorrains à Rome*, in-8° ;
*Mémoire historique sur les institutions de France à Rome, publié dans leurs
archives et autres documents, la plupart inédits*, Paris, 1868, in-8°, etc.

Un monument lui a été érigé dans l'église de Saint-Louis des Français
avec l'inscription suivante :

PETRUS PAULLUS LACROIX

EQ. LEG. HONORAT. KLERICUS SACRI CONSIST.

A CUBICULO PII IX P. M. PROTONOTARIUS S. E. R.

NATIONE GALLUS PATRIA SEDANENSIS

URBANARUM ANTIQUITATUM ERUDITIONE EXQUISITA

CIVIS ROMÆ CHRISTIANÆ

SOBRIUS MISERICORS FESTIVUS AMICIS

CARUS OMNIBUS

PIE VIXIT. AN. LXXVII, MENS. VII, DIES I

EXITU VITÆ CONSENTANEO

PLACIDAM DEO ANIMAM REDDIDIT

NONIS JUNIIS ANNO CHRIST. MDCCCLXIX

LUDOVIC. ET THEOPHIL. LACROIX PATRUO AMANTISSIMO.

enfin, et, au déclin de sa vie, Mgr Lacroix devint protonotaire apostolique.

De toutes nos institutions, celle de théologien de l'ambassade est la plus récente. Je ne connais personne qui ait rempli cette charge avant le père Vaures, mort il y a une trentaine d'années. Vaures était conventuel et les conventuels jouissaient d'un grand crédit à Rome depuis l'époque de Clément XIV. C'était à ces religieux, qu'après la suppression de la compagnie de Jésus, le pape avait confié la charge de pénitenciers à Saint-Pierre et à la basilique de Lorette. Au temps de Grégoire XVI, le père Vaures était connu et estimé au Vatican, et les pèlerins français qui venaient à Rome usaient souvent de son influence pour obtenir des audiences pontificales. Il savait forcer les portes fermées à double tour et faire fléchir les consignes les plus sévères. Je me rappelle que Grégoire XVI ayant décidé qu'il ne recevrait pas Lamennais, pas plus que ses compagnons de voyage, l'abbé Gerbet, Montalembert et Lacordaire, ce fut le père Vaures qui s'employa pour faire révoquer la défense et obtenir à ces illustres personnages la réalisation du but principal d'un si long et si pénible voyage. Toutefois, on imposa des conditions à cette audience : Lamennais garderait le silence sur sa doctrine et ses affaires personnelles. Il était bien difficile de prendre un pareil engagement ou de le tenir après l'avoir pris ; mieux eût-il valu refuser une audience qui perdait son plus grand intérêt et pouvait, en blessant des susceptibilités excessives, réveiller dans l'esprit de cet homme un sentiment de colère et le désir de revendications, voire même de représailles. Tatien, Tertullien et saint Jérôme étaient venus à Rome et n'y avaient pas été traités par le clergé romain avec trop de douceur ; mais leurs âmes étaient moins irascibles que celle de l'indomptable breton.

Pendant l'audience, Lamennais voulut aborder le sujet qui l'amenait aux pieds du saint-Père, malgré les injonctions formelles qu'on lui avait faites, mais Grégoire XVI fut inflexible ; il tint pour lui et ses visiteurs les obligations qu'il avait strictement imposées. Afin de donner le change à son interlocuteur, il offrit, dit-on, à Lamennais, une prise de tabac. N'eût-il pas été préférable de laisser aborder cette terrible question? Peut-être une conversation l'eût-elle amené à se rétracter ? Lamennais s'exagéra l'incident; il protesta en effet, au sortir de l'audience, qu'on l'avait mal reçu, presque éconduit. Il quitta Rome avec ses compagnons, persuadé qu'on ne songeait pas à condamner les doctrines de *l'Avenir*. Cependant, il n'était pas rentré en France que paraissait l'encyclique *Mirari vos arbitramur*, encyclique dans laquelle pourtant il n'était pas nommé. De Montalembert et Gerbet la connurent à Munich, où ils s'étaient arrêtés au retour.

Il y avait à Rome des personnages de haute distinction qui regrettèrent l'accueil qu'on fit à Lamennais. Dans leur espérance qu'on pouvait tirer grand profit de ses talents et de son activité, ils auraient voulu, non seulement qu'on le traitât avec beaucoup d'égards, mais encore qu'on l'élevât à une haute dignité ecclésiastique, qu'on lui donnât même la pourpre, pensant qu'il aurait été préservé par là de cette chute si lamentable qui a scandalisé le monde chrétien (1).

Sous le pontificat de Pie IX, le père Vaures ne jouit pas, il est vrai, d'autant de crédit au Vatican que sous celui de Grégoire XVI; toutefois, l'ambassade lui continua la même confiance et le consulta aussi fréquemment. Il ne me paraît pas qu'il eut le titre officiel de *théologien de l'ambassade*, ni qu'il reçut jamais un traitement en cette qualité. C'est surtout au moment du siège de Rome que le père Vaures fut à l'apogée de sa gloire et qu'il remplit un rôle prépondérant; il fut mêlé aux négociations diplomatiques relatives à l'intervention des quatre puissances catholiques pour faire rendre au pape l'État pontifical. Ne portant pour tout bagage qu'un modeste sac noir, il fit plusieurs fois le voyage de Gaëte au camp français, chargé d'instructions pour le général Oudinot. Il jouit d'un crédit non moins grand auprès de M. de Rayneval. Le père Vaures mourut quelques années plus tard dans un hôtel de Paris, pendant un voyage qu'il faisait en France.

(1) Bray m'a raconté qu'après son apostasie, Lamennais vivait en partie du produit de ses livres, en particulier de sa traduction de l'*Imitation de Jésus-Christ*.

Le père Vaures eut pour successeur, dans l'emploi de théologien de l'ambassade, le père Trullet, fils d'un Français né à Constantinople, et lui aussi conventuel. Trullet était meilleur théologien que Vaures. Il avait fait de sérieuses études à Bologne d'abord, puis au fameux collège de Saint-Bonaventure, fondé à Rome par Sixte-Quint, mais il était loin d'égaler en adresse son prédécesseur dans les négociations diplomatiques. Il réclama un traitement qu'il eut le talent de faire progresser jusqu'au chiffre de 8 000 francs annuels. Avec les économies prélevées sur ce gros traitement, il acheta une bibliothèque importante qu'il installa dans un appartement somptueux au couvent de Sainte-Dorothée dans le Transtevere. Malgré ses 8 000 francs annuels, Trullet est mort fort endetté en 1879. C'était un homme vraiment instruit ; il avait été nommé membre de la Congrégation de l'Index. Après sa mort, le libraire Loscher acheta sa bibliothèque et restitua à qui de droit un certain nombre de dossiers qu'on n'avait pas retirés préalablement à l'ouverture de la succession, comme c'est l'usage, pour les membres des congrégations romaines. Le successeur du père Trullet a été pris parmi le clergé séculier ; c'est Mgr Guthelin, originaire d'Alsace. Il exerce actuellement les fonctions de théologien ou de canoniste de l'ambassade.

En dehors des prélats dont je viens de parler, la colonie française comptait encore à Rome Mgr Ruinart de Brimont, Mgr Vaissière et Mgr Luquet.

Mgr de Brimont demeura longtemps à Rome et mourut chanoine de Saint-Pierre. Il a fait, sur la *Théodicée* de Leibnitz, des travaux très estimés. Quant à Mgr Vaissière, il quitta Rome de bonne heure pour se rendre à Paris. Là, il acheta la propriété de *l'Ami de la religion*, qui consistait en quatre actions de 100 000 francs chacune. On assure qu'il le fit avec des fonds à lui remis par Madame Adélaïde, la sœur de Louis-Philippe. Avant de se lancer dans cette entreprise, il aurait, m'a-t-on dit, consulté la Compagnie de Saint-Sulpice et lui aurait posé la question sous cette forme : « Un pieux bienfaiteur m'a remis une somme d'argent pour une bonne œuvre ; est-ce faire une bonne œuvre que d'acheter *l'Ami de la reli-*

gion? » A une question ainsi posée, la réponse ne pouvait
être douteuse, mais l'acquéreur se garda d'avouer que son
acquisition était une manœuvre orléaniste.

L'Ami de la religion, qui s'appela jusqu'à 1830 *l'Ami de
la religion et du roi*, avait toujours été un journal légitimiste intransigeant. Tant que vécut son fondateur, M. Picot,
on ne pouvait pas songer à le transformer en organe orléaniste. M. Bellamère y publiait des articles politiques qui
contiennent, avec beaucoup de sel, de sanglantes ironies
contre Louis-Philippe. Le passage de Mgr Vaissière à *l'Ami de
la religion* ne fut guère remarqué. Quelques années plus
tard, Mgr Dupanloup acheta ce journal qui périt tristement
entre les mains de l'abbé Sisson, que Louis Veuillot, qui cul-
tivait à ses heures le calembour, appelait un *sot Sisson* (1).

Parmi les membres les plus en vue de la colonie française
à Rome, j'ai cité encore Mgr Luquet. Né à Langres, il entra
au séminaire des Missions étrangères de Paris et fut envoyé
dans l'Inde, où il arriva juste à temps pour assister au synode
de Pondichéry. Le vicaire apostolique le choisit pour porter
en son nom les actes de ce synode à Rome. Grégoire XVI remarqua le jeune missionnaire et lui témoigna une sympathie
spéciale. Il lui fit donner la consécration épiscopale sous le
titre d'*évêque d'Hésébon*. Avec l'activité prodigieuse qui le
dévorait, Mgr Luquet ne pouvait pas demeurer inactif ; il profita de son séjour à Rome pour rédiger plusieurs *Mémoires*
sur les besoins des Missions étrangères et sur le clergé indigène. En donnant l'épiscopat à Mgr Luquet, Grégoire XVI
s'était proposé de le renvoyer dans l'Inde en qualité de coadjuteur du vicaire apostolique ; mais, celui-ci ayant déclaré
qu'il n'accepterait pas de coadjuteur, Mgr Luquet fut contraint
de rester à Rome, comme un César déclassé, fort contrarié de
sa dignité qui l'empêchait de continuer à mener, purement
et simplement comme il l'avait fait jusque-là, la vie de missionnaire.

Au mois de novembre 1847, les affaires de Sonderbund

(1) L'abbé Migne m'a dit plusieurs fois avoir fondé *l'Univers* avec de
l'argent qu'il avait reçu de Madame Adélaïde. (*Note de Mgr Chaillot.*)

montrèrent la nécessité d'envoyer en Suisse un représentant
du saint-siège. Les négociations avec la Suisse paraissaient
tellement désespérées que la secrétairerie d'Etat n'entrevoyait
aucune possibilité de succès. Dans ces conjonctures, la cour
pontificale pensa que le choix d'un élément étranger aurait seul
quelque chance de réussite ; elle en confia la difficile mission
à Mgr Luquet. Le nonce improvisé se rendit à Lucerne avec la
ferme volonté d'empêcher tout le mal qu'il pourrait et y publia
une circulaire passablement embarrassée, laquelle n'eut pas
le bonheur de fléchir l'ours de Berne.

A la première nouvelle de la révolution de février, Mgr Luquet accourut à Paris, sans songer que les règles diplomatiques interdisent à tout nonce de sortir des limites de sa nonciature sans y être préalablement autorisé par le cardinal
secrétaire d'État. Là, il fit acte d'adhésion à la nouvelle république, et on le vit passer sur les boulevards, donnant le bras
à Lamartine.

C'était au temps où Mgr Fornari avait la nonciature de
France. Celui-ci demanda au ministre des affaires étrangères
ce que Mgr Luquet était venu faire dans cette occurrence intem-
pestive. Pour toute réponse, on montra à Fornari l'acte d'adhésion de Mgr Luquet à la république, écrit tout entier de sa
main et revêtu de sa signature. Avant de repartir pour la
Suisse, Mgr Luquet alla rendre visite à Fornari, lequel ne
manqua pas de lui faire toucher du doigt l'imprudence qu'il
avait commise en sortant de sa nonciature sans permission.
C'est de la bouche même de Mgr Fornari, venu à Rome en 1851
après sa promotion au cardinalat, que je tiens tous ces détails.

Après cette escapade, Mgr Luquet ne tarda pas à être rappelé
à Rome, où il commit une seconde imprudence qui le condamna à vivre dans une sorte de disgrâce perpétuelle. Avant
son départ pour la Suisse, Pie IX lui avait recommandé de
l'informer de tout ce qui se passerait dans des lettres personnelles et secrètes qu'il lui adresserait à lui-même ; or, à
peine de retour de sa nonciature, Mgr Luquet ne vit aucune
difficulté à publier ces lettres particulières dans une brochure
sur sa mission. C'était commettre une faute impardonnable, et

Pie IX renonça pour jamais à se servir de lui dans quelque situation que ce fût. L'ancien nonce écrivit alors dans les journaux et publia, dans le *Costituzionale Romano* une série d'articles intitulés : *Doveri del clero nelle circostanze presenti.* M. Moreáu, médecin français réfugié à Rome depuis plusieurs années, portait au bureau de la rédaction le manuscrit de Mgr Luquet. Il aurait voulu entrer comme collaborateur dans une feuille française qui paraissait alors sous le titre de : *la Correspondance de Rome ;* mais la rédaction ne crut pas devoir l'accepter malgré les instances que fit en sa faveur M. Place (1), un jeune laïque d'avenir que le prélat avait choisi pour médiateur afin d'assurer le succès de son affaire.

Après l'entrée des Français à Rome, Mgr Luquet se dévoua à l'œuvre des soldats. Il n'hésita pas à se faire leur *cicerone* pour la visite des églises et des monuments. Il publia, à cet effet, quatre petits volumes fort bien composés et très intéressants.

Mais ces occupations passagères ne satisfaisaient pas au besoin d'activité dont Mgr Luquet était dévoré. Il se mit à prêcher à Saint-Louis, et cette nouvelle carrière à laquelle il s'adonnait avec ardeur aurait pu lui procurer de longues jouissances sans un incident qui en rompit le cours presque au début. Un jour qu'il était entouré d'un nombreux auditoire et qu'il y donnait une instruction fort relevée, la mémoire lui manqua subitement. Alors l'auditoire le vit, non sans un peu d'étonnement, tomber à genoux dans la chaire et rendre tout haut grâces au ciel de l'humiliation qu'il lui envoyait. Une aventure analogue était arrivée à M. des Courtis de Montbertoin pendant son séjour à Saint-Louis. L'orateur avait coutume d'enfiler un certain nombre de petits papiers qu'il portait avec lui en chaire. Les papiers mal attachés tombèrent dans l'auditoire et avec eux se perdit le fil... du discours. Je retrouverai Montbertoin lorsqu'il sera question du fameux Angelo Bersi dont je parlerai plus loin.

Mgr Luquet ne pouvait pas vivre, avons-nous dit, dans

(1) Mort depuis cardinal-archevêque de Rennes.

l'inaction. Voyant que les missions étrangères, la diplomatie et la prédication étaient fermées pour lui, il voulut se consacrer à la direction spirituelle. Parmi les personnes qui s'adressaient à lui, on remarqua particulièrement une dame de grande famille, Mme de Lestanville, née comtesse de Villequier, dont le frère, l'abbé de Villequier, a fondé un magnifique orphelinat à Courbevoie, dans la banlieue de Paris. Sous la direction de Mgr Luquet, Mme de Lestanville fit de rapides progrès dans la vie ascétique. On dit qu'elle se confessait fréquemment, peut-être tous les jours. Bientôt elle se prit à considérer le mariage comme un joug insupportable et elle se renferma dans ses appartements comme dans une sorte de Carmel dont l'entrée fut sévèrement défendue aux profanes. On ne fit pas même exception pour les meilleures amies de Mme de Lestanville : elle était invisible pour tout le monde, excepté pour Mgr Luquet. On dit qu'à son jour de réception elle avait donné l'heure de 7 heures trois quarts du soir. Dans l'intervalle, on avançait la pendule du salon d'une demi-heure et quand les rares visiteuses qui lui étaient restées fidèles se présentaient, on leur annonçait avec regret qu'il était trop tard et que madame s'était retirée dans ses appartements privés. Mme de Lestanville avait un précepteur pour son fils auquel elle avait formellement recommandé de lui retirer des mains tous les auteurs profanes, de telle sorte que le pauvre enfant en fut réduit à traduire en latin les révélations de sainte Marie-Madeleine de Pazzi, ou les autres écrits des saints et des saintes.

De temps en temps, à la tombée du jour, la comtesse partait pour Saint-Pierre. Arrivée à l'extrémité de la place, elle faisait arrêter son coupé, en sortait déguisée en mendiante et demandait l'aumône. Longtemps après sa mort, Mgr Luquet conserva comme des reliques quelques baïoques qu'elle avait obtenues ainsi de la charité des passants. Ce fut à cette occasion que le prélat publia à Paris un livre sur la vocation, livre dans lequel il établit cette doctrine qu'une femme mariée peut obtenir de Dieu le privilège de recouvrer sa virginité. Il s'autorisa peut-être pour le dire de ces paroles de saint François-de-Sales « que l'humilité de sainte Chantal lui refît une virginité ».

Lorsque Mᵐᵉ de Lestanville tomba malade, elle se rassura par la pensée que Dieu la réservait pour fonder un monastère de religieuses à Albano. Mais ses espérances furent déçues, car la maladie la conduisit rapidement au tombeau. M. le comte de Lestanville, malgré la douleur qu'il ressentit — si l'on en croit l'épitaphe gravée sur le tombeau de la comtesse (1) — ne tarda pas à se remarier. D'aucuns disent qu'il avait souffert avec peine l'espèce de séquestration que s'était imposée sa femme depuis l'époque où elle était entrée dans les voies de la mysticité.

Mᵍʳ Luquet voulut plus tard faire exhumer Mᵐᵉ de Lestanville, espérant trouver son corps intact et en tirer un argument de plus en faveur de la sainteté de cette femme ; mais l'événement trompa complètement son attente et il fallut se hâter de refermer ce tombeau imprudemment ouvert. Luimême mourut quelques années après d'un cancer à la bouche. Il s'était retiré dans une cellule du séminaire français, où il finit ses jours dans d'atroces souffrances patiemment supportées. Il n'avait pas encore soixante ans. Tels sont, pour la plupart, les noms les plus en vue de la colonie française, ceux du moins que j'ai connus à l'époque où j'arrivais moi-

---

(1) Le corps de la comtesse de Lestanville a été déposé dans l'église de Saint-Louis des Français à la chapelle de Sainte-Cécile. Voici l'inscription gravée sur le tombeau :

ICI REPOSE ATTENDANT LA RÉSURRECTION

LE CORPS DE NOÉMIE-ALBERTINE-FRANÇOISE DE VILLEQUIER

ÉPOUSE DE GUSTAVE-LUCAS DE LESTANVILLE

NÉE A PARIS LE 20 JANVIER 1826

DÉCÉDÉE A ROME LE 25 OCTOBRE 1857

ENLEVÉE A L'AMOUR DE SON MARI ET DE SON ENFANT

ET A LA TENDRESSE DE PARENTS BIEN-AIMÉS

QUI SÉPARÉS DE CETTE FILLE CHÉRIE DEPUIS PLUSIEURS ANNÉES

N'ONT PAS EU LA CONSOLATION

DE LA REVOIR UNE DERNIÈRE FOIS

Euge... intra in gaudium Domini tui
Quot ego una in te bona amisi !

même à Rome. D'autres personnages, d'importance secondaire, viendront à leur tour, et je vous en parlerai au fur et à mesure qu'ils me reviendront en mémoire.

V

Lorsque le comte de Chambord annonça son intention de venir passer quelque temps à Rome, les légitimistes français crurent convenable de préparer un hôtel pour le recevoir. On acheta à crédit l'hôtel Conti, sur la place de la Minerve, au prix de 37 000 écus.

L'hôtel Conti était la demeure de la célèbre famille qui a donné à l'Église quatre papes : Innocent III, Grégoire IX, Alexandre IV et Innocent XIII au siècle dernier. J'ai dit que l'acquisition n'avait pas été soldée, je doute qu'elle l'ait été dans la suite et je crois même savoir que le prix de 37 000 écus figure comme première hypothèque sur l'hôtel en question.

Le contrat d'achat signé, il s'agissait de meubler les appartements pour les mettre en état de recevoir le prince. On fit alors appel au dévouement et au savoir-faire d'un Français qui résidait à Rome depuis l'époque du pontificat de Pie VI ; je veux parler du vieux Bouisse, que tout le monde y a connu. Bouisse avait géré pendant longtemps une manufacture de coton.

Les quatre premiers séminaristes français qui firent leurs études de théologie ou de droit canon à Rome, fatigués de la vie des hôtels, demandèrent instamment qu'on créât pour eux et pour ceux qui viendraient après eux étudier les sciences sacrées une petite pension de famille. Ces quatre Français étaient M. de Dreux-Brézé, aujourd'hui évêque de Moulins et seul survivant (1) ; M. d'Alzon, plus tard vicaire

(1) Il est mort récemment.

général de Nîmes et fondateur de la congrégation de l'Assomption ; M. l'abbé Véron, qui devint vicaire général de Paris, et M. l'abbé Hiron, qui fut depuis promoteur du diocèse de Paris et curé de Saint-Jacques du Haut-Pas.

Bouisse agréa l'idée qu'on lui suggérait ; il afferma le premier étage du couvent des carmes de Saint-Nicolas de Cesarini et y installa sa pension. Lorsqu'on l'eut invité à prendre la direction du nouvel hôtel de *la Minerve*, il s'y rendit aussitôt avec ses quatre clients. Mais le séjour du comte de Chambord à Rome ne fut pas de longue durée. Le gouvernement de Louis-Philippe, ayant peur que la ville des papes ne devînt le rendez-vous, sous prétexte de pieux pèlerinages, des légitimistes français, demanda à Grégoire XVI l'éloignement du prince. Le roi, d'ailleurs, craignait de voir prendre de l'influence à Rome à l'élément français, dont le dévouement à sa cause lui paraissait douteux. C'est ainsi qu'il obligea le pape à congédier Lacordaire et ses compagnons, qui faisaient leur noviciat à Saint-Clément, et ceux-ci durent se rendre, pour le continuer, au couvent de la Quercia, près de Viterbe.

Après la disparition du comte de Chambord, Bouisse ne voulut pas garder à sa charge l'administration d'un immeuble aussi considérable que l'était l'hôtel de *la Minerve*. Il le céda à M. Sauve, marié avec une fille que Mme Bouisse avait eue d'un premier lit. M. Sauve avait d'abord essayé du séminaire. N'y trouvant pas sa vocation, il vint à Rome libre de tous liens. Il entra comme relieur dans l'importante librairie de Merle ; enfin, il épousa la fille de Mme Bouisse et prit la direction de l'hôtel de *la Minerve*. Lorsque Merle connut cette nouvelle :

« A la bonne heure, dit-il, voilà un garçon qui comprend comme il faut ses intérêts ; il a raison de quitter la librairie pour la cuisine, car les Romains préfèrent la bonne chère au meilleur des livres. »

Et moi, pourtant, je tiens les Romains de ce temps-là pour des gens fort sobres.

Bouisse se retira alors sur la place de l'Ara-Cœli, où il fonda un second hôtel pour y recevoir les évêques, les missionnaires et les religieuses que leurs affaires appelaient journellement à Rome. Il partit pour Lyon et obtint, afin de meubler son hôtel, un prêt de 30 000 francs qui lui fut consenti par la célèbre demoiselle Pauline Jaricot, la fondatrice de l'Œuvre de la Propagation de la foi en 1818. Dans cet hôtel de *l'Ara-Cœli* logèrent la plupart des personnages dont je parlerai bientôt : Gerbet, M. l'abbé Richard, devenu cardinal-archevêque de Paris; l'abbé Bernier, ancien secrétaire général de l'évêché de Luçon et correspondant du journal *l'Univers*, etc., etc.

Sous le pontificat de Grégoire XVI, il n'existait pas de séminaire français à Rome. Les pères jésuites eurent alors l'excellente idée de créer, dans le collège des Nobles qu'ils dirigeaient, une section spéciale pour recevoir les étrangers qui se destinaient à la carrière ecclésiastique. C'est au supérieur d'alors, le révérend père Bouchaud, dont les trois sœurs étaient religieuses au Sacré-Cœur, que revient, pour la plus grande part, l'idée de cette création.

Le collège des Nobles compta, dès le début, parmi ses pensionnaires, Mgr Monaco Lavalletta, aujourd'hui cardinal; Mgr de Neckere, d'origine belge, actuellement évêque *in partibus*, résidant à Rome et chanoine de Saint-Jean de Latran; Mgr Catani, qui fut plus tard nonce en Hollande et en Belgique et est mort cardinal-archevêque de Ravenne; le Hollandais Roelofs, aujourd'hui curé de Zwoll, diocèse d'Utrecht, homme d'initiative qui a fondé une superbe imprimerie dans son presbytère et a édité un grand nombre de livres religieux; Mgr Acton, descendant du célèbre ministre de Naples à l'époque de la reine Caroline; il avait déjà le titre de *monsignor* avant d'être dans les ordres; mais, quand Pie IX établit que tous les prélats entreraient préalablement dans la cléricature, il quitta l'habit ecclésiastique et renonça à son titre prélatice; de Lescleuc, un Breton de Saint-Brieuc, mort évêque d'Autun; le comte Nasalli, de Plaisance; le marquis Bottini, de Lucques; Raphael Ballerini, de Medicina, près de Bologne, actuellement rédacteur en chef de la *Civiltà cattolica* ; les frères Cavaletti, dont l'aîné a été sénateur de Rome dans les dernières années du règne de Pie IX, et plusieurs autres, dont j'oublie les noms.

Il y avait encore au collège des Nobles deux personnages qui devinrent chapelains de Saint-Louis des Français, après y avoir été reçus en qualité d'hôtes; c'étaient Villiers de l'Isle-Adam et Testard du Cosquer.

Je me rappelle qu'on prenait les vacances dans une villa de Tivoli et, pour charmer les loisirs, on donnait des concerts dont, la plupart du temps, la musique de Donizetti faisait tous les frais, concerts que ne manquait jamais d'honorer de sa présence Mgr Gigli, l'évêque local. Quelles charmantes promenades, quelles intéressantes excursions nous faisions chaque jour aux environs de la ville! Tantôt, c'était au *monte Spaccato,* ainsi nommé parce que, si l'on en croit la tradition, il se serait fendu le jour même de la mort du Christ. Une autre fois, nous allions à Castel-Madama, sur la route de Subiaco, en remontant la délicieuse et fraîche vallée de l'Anio. Nous visitions au passage, et le riant village de Monticelli, et Vicovaro, où saint Benoît érigea son premier monastère, qu'il abandonna ensuite pour échapper au poison préparé pour lui par ses moines révoltés. Nous prenions encore pour but de nos excursions la villa Adriana avec ses ruines gigantesques, la villa d'Este, l'ancienne maison d'Horace, celle de Mécène et maint autre lieu illustré par quelques grands hommes ou recommandé par son site enchanteur.

Pendant l'automne de 1846, Pie IX vint passer un jour à Tivoli et fut précisément reçu dans la campagne du collège des Nobles. On le retint à dîner. Le pape, qui mange seul à Rome, accepta l'invitation à Tivoli. On lui avait préparé, selon l'usage, une table un peu plus élevée que les autres. Autour de lui prirent place les nombreux cardinaux qui l'avaient accompagné et tous les personnages importants de la localité. C'était le plus beau temps du règne du souverain pontife, qui ne passait presque pas de jour sans être l'objet d'une ovation.

Parmi les membres de la colonie française, j'ai cité le nom de M. Gerbet. Gerbet, en effet, était venu à Rome et rédigeait son beau livre : *Esquisse de Rome chrétienne,* où j'ai lu ces vers inspirés :

> Hier, j'ai visité les grandes catacombes
>> Des temps anciens ;
> J'ai touché de mon front les immortelles tombes
>> Des vieux chrétiens.
> Et ni l'astre du jour, ni les célestes sphères,
>> Lettres de feu,
> Ne m'ont jamais fait lire en plus beaux caractères
>> Le nom de Dieu...

Il demeurait au numéro 5 de la via de l'Archetto en compagnie de M. de Messey, lequel succéda à l'abbé Cheruel comme correspondant de *l'Univers*.

La duchesse de Fleury, la fondatrice des diaconesses, l'ayant connu, le pria avec tant d'instances de venir donner, en français, des leçons de théologie dans son institut, qu'il finit par y consentir. On lui promit 3 000 francs d'honoraires.

La duchesse de Fleury, qui, de son vrai nom, s'appelait Mme de La Prunarède, avait été élevée comme Christine de Suède, à la manière d'un garçon. Dégoûtée bientôt du mariage qu'on lui avait fait contracter, elle ne songea plus qu'à le rompre. Le père Vaures, le théologien de l'ambassade de France, fut consulté et promit son concours. Sur ces entrefaites, la vieille duchesse douairière de Fleury connut Mme de La Prunarède, et fut si charmée des excellentes qualités de cette dame, qu'elle résolut de lui léguer avec sa fortune son titre de duchesse. Mais le mariage de Mme de La Prunarède subsistait encore ; Mme de Fleury pensa à un fidéicommis, et l'on assure que M. Franz de Champagny, duc de Cadore, s'offrit pour rendre à l'une et à l'autre cet important service.

Peu de temps après, la duchesse douairière vint à mourir et Mme de La Prunarède changea son nom en celui de duchesse de Fleury. Ce fut alors qu'elle songea à fonder l'institut des diaconesses.

Aidée des conseils et de la direction du père Ventura, la duchesse de Fleury réunit dans une maison commune un certain nombre de jeunes filles du meilleur monde, pieuses et bien élevées, qu'elle avait amenées de Suisse et dont elle fit ses premières novices. La dot, en entrant dans l'institut, était de 30 000 francs. On destinait les professes à partir pour les missions, afin d'y propager l'Évangile. Chacune devait être accompagnée d'une cuisinière, d'une femme de chambre et de plusieurs catéchistes. Cela rappelait un peu la manière de procéder des anciens chevaliers, qui partaient avec une suite d'écuyers pour rétablir sur la terre le règne de la justice en protégeant les faibles contre l'oppression des forts.

Le noviciat fut installé dans les appartements de la princesse Zénaïde Wolkonsky, situés vicolo degli Avignonesi, 5, près de la via Rasella. La princesse Wolkonsky avait été l'un des plus beaux ornements de la cour du czar Alexandre Ier. Elle avait connu Mme de Krudner, qui joua un rôle si important pendant ce règne, et partageait ses idées enthousiastes. Elle fût l'âme de la sainte alliance. Convertie à la religion catholique, la princesse Wolkonsky sentit augmenter son zèle et puisa dans de nouvelles idées une nouvelle ardeur. Son palais était le lieu de réunion de toutes les œuvres en voie de création. Outre les diaconesses, elle avait encore donné asile à des capucines anglaises cloîtrées. Tous les soirs, il y avait cercle brillant et conversation des plus intéressantes. Nos capucines auraient bien voulu être un peu de la partie pour entendre ce qu'on y disait d'intéressant. Mais comment concilier l'exécution de ce désir avec l'observation des règles de la clôture? La ruse féminine crut trouver un moyen terme qui permettait de satisfaire la curiosité tout en respectant les vœux. On installa des paravents dans le salon, de sorte que nos religieuses, sans être vues, pouvaient assister comme dans des cabinets simulés aux brillantes soirées et jouir du charme de la conversation sans être obligées d'en faire les frais. C'était, du moins, une singulière interprétation des lois canoniques relatives à la clôture monastique !

On rencontrait encore dans les appartements de la princesse une Française du nom de Sophie Braud, qui vivait dans la conviction qu'elle était favorisée de révélations surnaturelles. Cette excellente chrétienne se mit en tête de fonder un orphe-

linat d'enfants recueillies dans la rue, sans songer aux frais
que nécessitent de pareilles œuvres. Elle se nourrissait d'illusions et s'imaginait naïvement que jamais rien ne lui man-
querait ni à elle ni à ses orphelines ; mais, hélas, les événements ne répondirent pas à son attente, et plus d'une fois la
misère la plus grande lui imposa de terribles privations. Elle
avait pris momentanément comme cuisinière une Bretonne
illuminée, venue à pied de Nantes pour accomplir une mission
qu'elle disait avoir reçue de Dieu : la conversion du sultan.
Celle-ci ne séjourna, d'ailleurs, à Rome que le temps strictement nécessaire pour se reposer, après quoi elle repartit,
toujours à pied, pour Constantinople.

Sophie Braud ne tarda pas à succomber à la peine. Un jour,
on appela en toute hâte un prêtre auprès d'elle. Elle était au
lit depuis trois semaines et se mourait d'inanition, s'obsti-
nant malgré tout à conserver son œuvre. Il était urgent, dans
le lamentable état où elle se trouvait, de lui procurer les soins
de première nécessité. Une respectable Lyonnaise, compagne
de Mlle Jaricot, qui était logée chez les religieuses de la Trinité
des Monts, vint au secours de Mme Braud et s'installa à son
chevet avec le dévouement d'une garde-malade. Le corps de
la mourante, soit à cause des privations, soit à cause des macérations excessives, n'était plus qu'une plaie. On la trans-
porta à l'hospice des femmes de Saint-Jean de Latran, où elle
mourut quelques jours après, espérant toujours, jusqu'à la
dernière heure, contre toute espérance, et croyant fermement
que la Providence ferait un miracle en faveur de son œuvre.

La révolution du 15 novembre 1848 effraya l'abbé Gerbet,
qui crut ne pouvoir sauver ses jours qu'en s'éloignant de Rome.
Il emprunta à son commensal, de Messey, des vêtements
laïques, et tous deux partirent pour Naples. On dit que ces
vêtements, trop étroits pour M. Gerbet, lui firent de-ci de-là
quelques infidélités pendant le chemin, et que le pauvre abbé,
visiblement gêné, se prit à regretter son costume ecclésiastique
dont l'ampleur le mettait à l'abri d'accidents aussi désagréables.

La duchesse de Fleury se rendit, de son côté, à Naples et y
retrouva l'abbé Gerbet. Elle rêvait toujours de ses diaconesses

et voulait en parler au pape. Fatigué des nombreuses instances qu'elle lui faisait de l'accompagner à cette audience, Gerbet s'y résigna enfin. Elle entretint longuement le saint-père de son institut naissant et, en terminant, elle lui remit un mémoire pour le convaincre que, dans la primitive Église, les diaconesses confessaient. En lisant de pareilles choses, Pie IX ne put s'empêcher de sourire et, se tournant vers son entourage :

« *Davvero è matta,* Décidément elle est folle, » dit-il.

La fondatrice était jugée ; ce fut la fin de l'institut des diaconesses.

L'abbé Gerbet ne tarda pas à rentrer en France, où il se retira auprès de Mᵍʳ de Salinis, évêque d'Amiens. Ce fut auprès de ce prélat qu'il acheva son *Esquisse de Rome chrétienne* et qu'il publia une nouvelle édition du livre merveilleux qu'il avait écrit sous le titre de *Considérations sur le dogme générateur de la piété catholique : l'Eucharistie.* Il charmait encore ses loisirs en collaborant à *l'Université catholique,* créée par Bonnetty, le fondateur des *Annales de philosophie chrétienne.* Il ne tarda pas à être nommé évêque de Perpignan, où il est mort en 1864.

M. l'abbé de Cazalès était le fils du courageux avocat qui n'hésita pas à défendre Louis XVI devant la Convention. Il commença sa carrière dans la magistrature. Plus tard, il vint à Rome, se fit prêtre, et ayant connu les missionnaires du Précieux Sang, fondés par le vénérable Gaspard del Buffalo, il conçut le projet d'introduire cet institut en France. Sur ces entrefaites, l'évêque de Montauban lui offrit la direction de son séminaire ; Cazalès accepta aussitôt, songeant que c'était le moment favorable de retourner en France pour y faire venir après lui ses missionnaires. Pendant ce temps, la révolution de février ayant éclaté, Cazalès fut élu député à l'Assemblée constituante. Il venait d'acheter un château près de Montauban pour y établir le noviciat des missionnaires du Précieux Sang, et le traitement de 25 000 francs que la Constituante accordait à ses députés arriva fort à propos pour acquitter une partie de la dette qu'il avait dû contracter. Malheureusement

Cazalès ne fut pas réélu député à la Législative; d'autre part, l'absence continuelle du supérieur nuisait à la discipline du séminaire, de telle sorte que l'évêque de Montauban en confia la direction à d'autres religieux. Il y appela les jésuites.

L'existence des missionnaires du Précieux Sang en France ne fut pas de longue durée; leur sort dépendait de celui de Cazalès qui, privé de ressources suffisantes, les abandonna bon gré mal gré et força ainsi leur communauté à se dissoudre alors qu'elle naissait à peine. Lui-même fit un nouveau voyage à Rome ; à son retour, il reçut le camail des chanoines de Versailles. Avec Mᵍʳ Gerbet, Cazalès fut un des hommes de notre époque qui possédait le mieux le génie de sa langue. C'était un critique si sûr en matière philologique, qu'on dit que Louis Veuillot lui-même ne publia aucune œuvre de longue haleine sans la soumettre à son jugement éclairé. Il a donné une traduction fort estimée de la *Vie de Notre-Seigneur et de sa douloureuse Passion*, par Catherine Emmerich, et un premier volume sur l'*Allemagne*, ouvrage fort remarquable et malheureusement inachevé à cause de la paresse de son auteur. L'abbé de Vauchier lui reprochait sans cesse cette paresse :

« Vous mériteriez, mon ami, lui disait-il, d'être traité comme Delille l'était par sa famille, qui ne lui servait pas à déjeuner avant qu'il n'eût composé quatre-vingts vers. »

Jusqu'au moment de son canonicat, il paraît que Cazalès vivait chichement du revenu de sa traduction du livre de Catherine Emmerich, dont Bray lui envoyait exactement chaque mois le produit.

L'abbé Charles Letellier descendait de la famille Letellier de Rouen, qui compte, parmi ses membres les plus illustres, Michel Letellier, le ministre d'État de Louis XIV, dont Bossuet a écrit l'oraison funèbre ; Louvois, ministre de la guerre à la même époque, et l'archevêque de Reims. Charles commença sa carrière comme membre de la rédaction du *Journal des Débats*. Il vint faire un voyage de touriste en Italie avec un de ses amis; or, pendant que tous deux étaient en excursion aux environs de Frascati, ils furent surpris par un orage

effroyable. La foudre tomba auprès de Letellier et tua son ami
à ses côtés. Vivement impressionné par cet accident, notre
jeune homme retourna à la pratique religieuse, qu'il ne connaissait plus guère. Il songea bientôt à se retirer complètement du monde et se fit construire un ermitage sur les bords
du Tibre, près de Colazzone, dans l'arrondissement de Todi.
Là, il mena pendant dix ans la vie du plus sévère anachorète,
vivant exclusivement de fruits et de racines, à l'exemple des
anciens Pères du désert, et, comme eux, uniquement occupé
de la prière et de l'étude. Il avait fait acheter à Florence une
grande bibliothèque et avait peuplé sa solitude des meilleurs
théologiens et de tous les Pères de l'Église. Confiné ainsi dans
son ermitage, il ne tarda pas à recueillir les fruits abondants
de science et de sainteté que produisent l'étude quotidienne
des auteurs ascétiques et le commerce journalier des hommes
les plus savants sur tous les points de la science sacrée. Un
paysan de Colazzone, du nom de Domenico, se mit à son service et pourvut fidèlement à tous ses besoins matériels. Après
dix ans d'études, de solitude et de macérations, sa santé se
trouva fortement ébranlée, au point que le médecin, qu'il fut
obligé de consulter, lui conseilla de rentrer dans la vie commune s'il voulait guérir. Il vint donc à Rome et logea d'abord
au couvent des franciscains de Saint-Sébastien-hors-les-murs.
C'est dans cette maison qu'il eut occasion de connaître le
célèbre apôtre de l'Océanie, Mgr Pompallier, lequel, charmé de
sa science et de sa piété, voulut lui conférer la prêtrise. D'abord
il protesta énergiquement qu'il n'était pas digne d'un pareil
honneur ; puis, quand le saint évêque eut vaincu tous ses
scrupules, il fit certaines réserves et déclara en particulier
qu'il ne se sentait aucun attrait pour suivre le prélat missionnaire dans son diocèse d'Aukland, mais, qu'à l'exemple de
saint Jérôme et de saint Paulin, il prétendait garder toute sa
liberté.

« Quand Jérôme et Paulin, dit-il, reçurent les ordres sacrés, ils réservèrent leur complète indépendance vis-à-vis de
l'évêque qui les ordonna. »

Mgr Pompallier promit à Letellier de lui donner la même liberté dont avaient joui les saints qu'il citait, et c'est ainsi qu'il accepta l'ordination à Rome. Il prit un appartement près de l'*Ara Cœli* et, à partir de cette époque, il vint y passer régulièrement tous les hivers. Sa mère vivait à Rouen et gérait l'immense fortune de 6 millions que son mari lui avait laissée au moment de sa mort. Elle faisait une rente de 12 000 francs à son fils et lui envoyait 1 000 francs chaque mois.

Letellier était d'une timidité excessive ; peut-être avait-il contracté ce défaut pendant la retraite de dix ans qu'il avait faite dans son ermitage ? Sa simplicité égalait celle d'un enfant, et il semblait ignorer qu'il pût exister dans le monde de la fourberie et de la malice. Un fait pris au hasard entre plusieurs en est la preuve évidente.

Letellier avait amené de Paris avec lui un jeune domestique espiègle et mutin comme beaucoup d'enfants de la capitale. La pensée du voyage avait séduit celui-ci, mais l'enthousiasme dura peu. Confiné du matin au soir dans les appartements de son maître, ne trouvant pas toujours quelqu'un qui sût sa langue et avec lequel il pût lier conversation, le petit bonhomme s'ennuya fort et fut pris d'un ardent désir de revoir son pays. Mais, après les instances qu'il avait faites pour suivre Letellier et les recommandations de sa famille, comment quitter Rome et regagner Paris ? Longtemps il roula dans son esprit différents projets, sans en pouvoir arrêter aucun. Enfin, l'idée suivante lui parut la meilleure. Il supposa avoir éventé un complot effroyable. Des voleurs auraient appris que Letellier était fort riche et avaient décidé de le tuer pour s'emparer de sa fortune. Letellier, qui n'était rien moins qu'un héros, sans raisonner les racontars du jeune homme, fut pris soudain d'une folle terreur. Il quitta son logis et demanda asile aux maronites de la place San-Pietro-in-Vincoli. Tout alla bien pendant quelque temps, jusqu'au jour où Letellier s'imagina de nouveau qu'on avait retrouvé ses traces et qu'on finirait par le massacrer. Sous l'empire de ces sombres pensées, il alla trouver l'ambassadeur pour lui demander aide et protection.

Celui-ci l'écouta parler et comprit que son visiteur était

victime d'une véritable mystification. Il manda le malin serviteur et n'eut pas besoin de le presser beaucoup pour lui faire
avouer le résultat qu'il espérait obtenir de sa supercherie.
D'abord, on le réprimanda vertement ; puis, pour éviter que
sa fertilité en stratagèmes ne s'exerçât de nouveau et ne lui
en suggérât quelque autre, Letellier crut bon de mettre la
frontière entre lui et son domestique. Il le rapatria à ses frais,
trop heureux encore d'en être débarrassé à ce prix.

Pendant son séjour à Rome, Letellier alla voir le cardinal
préfet de la Propagande et lui proposa de fonder en Chine, de
ses propres deniers, un grand séminaire en vue de la formation du clergé indigène. Il offrait 2 millions pour l'exécution
de cette œuvre pie. Sa mère venait de mourir et lui avait
laissé l'immense fortune dont elle avait eu l'usufruit pendant
sa vie. Le cardinal préfet de la Propagande accueillit avec reconnaissance de telles ouvertures, et il fut convenu de part et
d'autre que l'acte de cette fondation serait dressé à son prochain retour à Rome. Il était sur le point de prendre ses vacances habituelles, mais Dieu lui tint compte sans doute de
ses bonnes intentions sans lui donner la joie de les réaliser,
car il mourut à Cannes au mois de novembre 1864, précisément au cours du voyage qu'il faisait pour rentrer dans la ville
éternelle. Ses neveux ont hérité de l'immense fortune dont il
ne put jouir à cause de sa mort prématurée.

Louis Perret appartenait à une riche famille de Lyon. Il avait
un frère, M. l'abbé Perret, membre du conseil central de la
Propagation de la Foi, qui, par humilité, resta diacre toute sa
vie. Un autre de ses frères devint industriel ; il réussit au delà
de ses espérances et acquit une belle fortune. Ses fils, dont
l'un est sénateur, dirigent la superbe manufacture de Saint-
Gobain, près de Paris.

Louis embrassa d'abord la profession d'architecte et ne tarda
pas, grâce à ses talents, à obtenir la clientèle des meilleures
familles de Lyon. Mais, au moment où tout lui réussissait à
souhait, il renonça soudain à sa profession pour accompagner
les maristes en Océanie. Il y passa plusieurs années, s'occupant de construire des églises dans ces pays de mission. C'é-

tait un apôtre dans la force du terme. Six mois durant, il travailla sans relâche dans l'île de Futuna, où a été massacré le père Chanel, le protomartyr de l'Océanie. N'ayant eu, au début, pour toute nourriture qu'une caisse de salaisons qu'il avait prise avec lui au moment de son débarquement, il avait dû bientôt, pour subvenir à ses besoins, aller à la chasse et à la pêche avec les naturels du pays. Il est bon d'ajouter que ces derniers avaient perdu leur férocité native par la vertu sans doute, du sang de leur premier martyr. Ils s'étaient fait baptiser en foule et exprimaient souvent le regret qu'ils avaient d'avoir commis un si noir forfait. Perret fut chargé de traduire leurs sentiments dans une lettre qu'ils écrivirent à Grégoire XVI, lettre qui lui fut dictée par le meurtrier lui-même, dont les regrets sincères le touchèrent aussi vivement que l'avait indigné l'odieux récit du crime.

Le genre de vie que menait notre missionnaire laïque finit par compromettre gravement sa santé. Sur ces entrefaites, une frégate française ayant touché Futuna. Perret en profita pour prendre une consultation près du médecin de bord. Celui-ci ne lui cacha pas que le climat, la mauvaise nourriture et les fatigues de tous genres avaient déterminé un état qui irait infailliblement en s'aggravant et que sa vie ne tarderait pas à être en danger à moins qu'il ne consentît à rentrer sans retard en France. Pour un homme qui s'était consacré entièrement aux missions et qui désirait y mourir, le conseil du médecin n'était pas agréable, mais enfin il fallait se rendre à l'évidence. et il se décida, bien qu'à regret, à quitter ce pays et à regagner l'Europe. Il avait besoin de 2 000 francs pour son voyage; son frère l'abbé promit de les lui envoyer et les envoya en effet. Par suite d'un malentendu, il était absent de Valparaiso lorsque arriva le vaisseau qui lui apportait, sous pli cacheté, le prix du passage et il ne rentra dans cette ville qu'après que le vaisseau eut levé l'ancre et mis à la voile pour la France, perdant du même coup les ressources nécessaires et l'occasion favorable d'effectuer son retour. La situation dans laquelle se trouvait Perret était des plus critiques, abandonné qu'il était, seul et sans ressources, dans une ville absolument inconnue. Un autre que lui se serait sans doute laissé aller au découragement; mais il avait une foi sans borne dans la Providence. Il entra dans une église et y pria longtemps. Puis il s'informa des religieux qui étaient établis à Valparaiso, et ayant appris que les dominicains y avaient un collège où ils recevaient, pour les instruire, des enfants espagnols, il s'y rendit résolument et demanda le prieur. Son histoire était intéressante; il la raconta tout entière et termina son récit en se proposant comme professeur de dessin. En retour, il ne demandait qu'un morceau de pain pour vivre au moins jusqu'à ce qu'il eût reçu des secours qu'il attendait de sa famille. Son air de franchise et de vérité toucha le prieur; mais on hésitait beaucoup à confier à cet étranger la classe qu'il sollicitait. Après tout, on pouvait être dupe d'un aventurier qui, pour mieux tromper, affichait l'extérieur de la vertu. Enfin, vaincu par l'honnêteté qui transpirait par toutes ses réponses pendant le long et minutieux interrogatoire qu'il lui fit subir, et touché peut-être aussi par l'éloquence convaincue que donne naturellement la faim, le prieur finit par accepter les propositions de Perret et celui-ci commença ses leçons de dessin.

Tout alla bien pendant quelque temps; mais au bout de quinze jours, le prieur le fit appeler pour lui dire que son enseignement trop savant n'était pas ce qu'il fallait pour de jeunes enfants : « Toutefois, ajouta-t-il, vous n'aurez pas perdu votre peine, puisque j'ai appris à vous connaître et que je suis heureux de vous obliger en vous donnant ces 2000 francs dont vous avez besoin pour faire votre voyage et que vous attendez impatiemment; vous me les restituerez quand vous le pourrez. » C'est ainsi que Perret profita du premier bateau qui faisait voile vers la France et arriva à Lyon après une heureuse traversée. Sa santé était si profondément atteinte que le médecin qui le vit lui conseilla d'aller passer l'hiver sur les bords de la Méditerranée, dans quelques-uns des sites, à son choix, où les montagnes font un abri contre les vents du nord. Il choisit la chartreuse de Montrieux, près de la Sainte-Baume, où est le tombeau de sainte Madeleine, maison immortalisée par le séjour du frère de Pétrarque qui fut chartreux dans ce monastère.

Dès le printemps de cette année (1846), Perret se dirigea vers Rome et y arriva un mois avant la mort de Grégoire XVI. Il descendit chez Bouisse, à la place de l'Ara-Cœli, bien décidé à prendre tout le repos que sa santé délabrée réclamait si impérieusement. Mais l'oisiveté était pour cette nature active un remède pire que le mal ; aussi, à peine se trouva-t-il mieux qu'il conçut le vaste projet de publier les peintures chrétiennes des catacombes, en conservant l'originalité des unes et le cachet artistique qui ne manque pas à un certain nombre d'entre elles. C'était un travail considérable. Perret fit calquer les fresques de grandeur naturelle, et il les réduisit au format du livre qu'il publiait. Trois fois par semaine, il partait avec ses tablettes, son chevalet et ses pinceaux, descendait dans les catacombes et y passait la journée accompagné souvent de quelques-uns de ses amis. Je me rappelle toujours une visite que je fis avec lui à la catacombe de Saint-Pontien, pape et martyr, catacombe qui se trouve sur le Janicule. Elle est peu fréquentée à cause du danger qu'il y a à la parcourir. Ailleurs, les cimetières furent creusés dans un tuf assez solide ; ici, c'est un sable aggloméré et friable, de sorte qu'à chaque pas on peut craindre des éboulements. Nous y pénétrâmes ensemble en prenant toutes les précautions commandées par la prudence. Je remarquai particulièrement à l'entrée du baptistère la plus belle tête de Christ qui se puisse concevoir, douce, expressive, une véritable œuvre d'art. Au fond du baptistère avait jailli une eau réputée miraculeuse ; elle alimente toujours la cuve qu'on y a creusée et, le long de la paroi du fond, on a peint, en l'ornant de roses, une croix dont le pied descend jusqu'au fond du baptistère pour symboliser la vertu de l'eau régénératrice qui prend sa source au pied de la croix du Christ.

C'était un labeur très fatigant, et Perret ne pouvait pas le continuer deux jours de suite. Il mettait un intervalle plus ou moins long entre chaque journée de travail et passait ce temps en méditations pieuses et en pèlerinages avec les uns et les autres de ces amis. Peu à peu, Perret réunit quatre cents planches que tous les connaisseurs considèrent comme une véritable merveille artistique.

Au temps de la république romaine, en 1849, il adressa une demande à Mazzini, le premier des triumvirs, afin d'obtenir l'autorisation de faire nettoyer, dans la catacombe de Saint-Sébastien, le puits de la *Platonia*, où le corps de saint Pierre et celui de saint Paul furent longtemps conservés. La catacombe de Saint-Sébastien est à proprement parler la seule qui porte le nom de *catacombe ;* les autres ne sont que des cimetières. Depuis des siècles, des décombres de toute sorte avaient été accumulées dans ce puits, dérobant aux regards les peintures qui s'y trouvaient le long des parois ainsi qu'une inscription placée par le pape saint Damase. C'est là encore qu'avait été massacré le pape saint Étienne lorsqu'il était assis dans sa chaire apostolique. On a donné plus tard à ce lieu le nom de *chambre des pontifes*, parce que plusieurs papes y furent successivement déposés.

Perret ne tarda pas à recevoir du gouvernement l'autorisation qu'il sollicitait. Il manda tous ses amis de Rome pour l'aider à ce déblai, le leur faisant envisager comme une œuvre de dévotion et de piété. J'y rencontrai, ayant répondu à son appel, M⁹ʳ de Mérode, Mᵍʳ Bastide, Woëlmont, de Beuvron, de l'Isle-Adam, des Courtils de Montbertoin, et d'autres encore. Avec de pareils ouvriers, le travail ne dura pas longtemps et bientôt Perret put copier les inscriptions et les dessins qu'il y trouva et qui figurent dans son livre. Lorsque l'œuvre des catacombes fut terminée, Perret se rendit à Naples avec l'intention de calquer un certain nombre de peintures remarquables qu'on y conserve ; puis, de là, il partit pour Paris vers le mois de juin 1850. Sur ces entrefaites, des éditeurs anglais firent des propositions avantageuses à Perret pour qu'il leur confiât l'exécution de son travail ; mais le gouvernement français l'ayant su ne voulut pas souffrir qu'une œuvre si remarquable d'un Français fût publiée en Angleterre. Le ministre porta devant la Chambre un projet de loi affectant 209 000 francs à la publication des peintures des *Catacombes de Rome.* L'ouvrage parut en effet à Paris et réalisa toutes les espérances qu'on en attendait. C'est un magnifique volume dont l'exemplaire coûtait 1 200 francs, trop cher par conséquent pour tomber dans le domaine public, et réservé seulement aux grandes bibliothèques et à quelques riches amateurs. L'auteur a toujours prétendu que, bien que le prix des *Catacombes* fût relativement très élevé, il n'avait pas retiré un bénéfice suffisamment rémunérateur de sa peine et de son travail, et cela malgré l'allocation du gouvernement; et je le crois facilement, car Perret fut d'une minutieuse exigence dans l'exécution des planches dont il fit refaire quelques-unes trois et quatre fois, jusqu'à ce qu'il eût obtenu complète satisfaction.

Lorsque l'abbé Perret mourut, il légua ses biens à son frère Louis. Celui-ci les employa en bonnes œuvres. Il commença par fonder à Lyon une maison pour y recevoir les petites sœurs des pauvres. C'était la seconde établie dans cette ville; elle coûta un demi-million. Un peu plus tard il fit construire, au milieu des montagnes du Forez, une magnifique chapelle surmontée d'une statue de la sainte Vierge, qui, grâce à l'altitude du lieu, se voit à plusieurs milles à la ronde. Il appela des prêtres lazaristes pour desservir cette chapelle et pour donner en même temps des missions à tous les villages voisins perdus dans la montagne.

Capouillet (1) appartenait à une famille industrielle de Bruxelles. Il était officier dans l'armée belge lorsqu'on vint lui proposer d'entrer dans la franc-maçonnerie. A cette offre, il demanda, entre autres choses, si cette association n'était pas opposée à la religion. On lui assura qu'il n'y entendrait jamais un seul mot hostile à l'idée religieuse. Alors il se fit inscrire. « Malheur à vous, ajouta-t-il avec menaces, si vous me trompez. » Tout alla bien pendant quelque temps; mais bientôt un frère .·., oubliant la promesse qu'on lui avait faite, prononça un discours plein d'invectives et de récriminations contre

(1) Je tiens tous les détails qui suivent de la bouche même de Capouillet.
(*Note de M*ᵍʳ *Chaillot.*)

l'Église catholique. Capouillet ne put retenir son indignation :
« Vous êtes des menteurs, leur dit-il ; » et se levant, il dé-
chira son écharpe et sortit. On fit tous les efforts possibles
pour le déterminer à rentrer ; on lui proposa des mariages
plus que millionnaires, la députation, un portefeuille de
ministre ; tout fut inutile, Capouillet demeura inflexible, et,
afin de se soustraire à de nouvelles instances, il donna sa démission d'officier de l'armée et partit pour Rome. Là il se
livra à de philosophiques réflexions et, après mûr examen, il
pensa à recevoir les ordres sacrés. Dans cette intention,
qui prenait plus de consistance dans son esprit à mesure
qu'il y pensait davantage, il entra au séminaire de l'Apolli-
naire, y passa quatre ans à se perfectionner dans l'étude de
la théologie et à se préparer à la prêtrise. « De temps immémorial, disait-il alors plaisamment, les Capouillet, de père en
fils, sont fabricants de clous à Bruxelles ; en apprenant que
l'un d'eux a reçu le sacerdoce, ils en perdront la tête. »
Comme il avait passé toute sa vie hors de son diocèse, il ne
jugea pas à propos d'y revenir ; c'est pourquoi il songea à se
faire mariste de Lyon, et la considération qui l'attira dans
cette communauté fut qu'elle est consacrée à la sainte Vierge
pour laquelle il avait une grande dévotion. Il y fut reçu à bras
ouverts et bientôt après on l'envoya à la maison de Paris,
boulevard Montparnasse. Pendant le séjour qu'il y fit, il passa
la plus grande partie de ses journées à la prison militaire du
Cherche-Midi ou dans des hôpitaux de la rive gauche. Sa voix
était fort bien timbrée, sa parole ne manquait ni d'onction ni
parfois de véhémence, et sa prédication ne fut pas sans
quelque succès. C'est pendant qu'il était à Paris que la bizarrerie un peu trop franche de son caractère se fit jour, particulièrement dans une circonstance qui mérite d'être rapportée.
On venait d'envoyer au boulevard Montparnasse un nouveau
supérieur. Celui-ci, en manière de prise de possession, fit un
discours qui déplut à Capouillet et lui sembla manquer absolument d'à-propos. Ne pouvant supporter un langage qu'il
trouve peu approprié à la circonstance, Capouillet se lève, et,
s'adressant à toute la communauté réunie, il lui dit : « Con-

venez, mes chers confrères, qu'on nous a envoyé là un singulier supérieur. » Grande rumeur et scandale plus grand encore. Le délinquant fut rappelé à l'ordre, on le manda à Lyon et il fut condamné à faire amende honorable devant le général assisté de son conseil ; enfin on lui infligea une retraite de huit jours. Capouillet se soumit de mauvaise grâce à ce qu'on exigeait de lui et ne put s'empêcher de dire à son général : « Je connais quelqu'un qui aurait grand besoin de faire aussi lui huit jours de pénitence : c'est Votre Révérence pour nous avoir envoyé pareil supérieur. »

En 1855, lors de la campagne de Crimée, Capouillet s'était rendu à ses frais à Constantinople, pour soigner et administrer les typhoïdes. Pendant la campagne d'Italie, en 1859, apprenant que les hôpitaux français, à Milan, n'avaient pas d'aumônier, cet homme vraiment apostolique partit encore à ses frais et alla spontanément offrir ses services aux malades et aux blessés. Au mois d'octobre de la même année, nous le retrouvons à Rome avec le titre de procureur général de sa congrégation. Ses négociations ne manquèrent pas d'habileté, et furent d'ailleurs couronnées de succès, puisqu'il obtint rapidement l'approbation des constitutions de la Société.

Il se fit céder un appartement dans l'ancien couvent des augustins irlandais, sur les bords du Tibre, et y installa la procure générale.

La vie trop sédentaire qu'il menait à Rome ne tarda pas à produire sur Capouillet les effets qu'elle produit le plus ordinairement : elle le fit grossir démesurément. Ce que voyant, il pensa que c'était un mauvais tour que lui jouait le diable, pour l'arrêter dans l'exercice de la prédication. Doué d'une nature énergique, il prit des moyens violents pour arrêter les progrès de son obésité croissante ; il se condamna pendant six mois à vivre au pain et à l'eau et il tint ferme ses résolutions. Il me souvient, en effet, qu'il m'invita à dîner chez lui, à cette époque, avec plusieurs de ses amis. On nous servit un bon dîner ; lui s'assit à la table et vit passer, sans regret, tous les plats, se contentant de son maigre ordinaire. Tout en gérant

les affaires de sa Société, il avait accepté le poste d'aumônier
militaire du fort Saint-Ange, où il se rendait chaque dimanche
pour prêcher, confesser et catéchiser les soldats.

Il y avait déjà trois ou quatre ans que Capouillet vivait
heureux à Rome, remplissant toujours les fonctions de procureur général, lorsqu'il fut appelé à la maison mère par son
supérieur, qui lui annonça qu'il ne le renverrait pas dans son
ancien poste, mais lui donnerait une nouvelle obédience. On
juge de la peine que lui fit une pareille ouverture. « Ce sont
vos conseillers, dit Capouillet à son général, qui vous ont
suggéré une idée que Votre Paternité n'aurait pas conçue
d'elle-même. Permettez-moi alors d'aller faire une retraite à
la Salette, pour consulter Dieu dans la prière. » A la Salette,
Capouillet a un songe mystérieux, peut-être l'eut-il tout
éveillé. Il s'imagina que le général venait le voir, et qu'il avait
perdu un œil.

« Que vous est-il donc arrivé, mon révérend père ?

— Hélas, mon pauvre Capouillet, j'ai perdu un œil sans
savoir ce qu'il est devenu.

— Et moi, ajouta Capouillet, je sais où il est; il est à Rome,
et il ne dépend que de vous de le recouvrer. »

Le lendemain, Capouillet part pour Lyon, afin de rendre
compte à son général du singulier songe qu'il avait eu. Et le
général, souriant à ce récit, ne put s'empêcher de renvoyer
Capouillet dans sa procure, où il passa encore une année. Au
moment de la guerre de 1870, il partit pour Bruxelles, qu'il
n'avait pas revu depuis plus de vingt ans, et y établit l'Œuvre
des soldats pour nos Français réfugiés en Belgique, après la
déroute de Sedan. Il y resta jusqu'au traité de paix de Paris,
c'est-à-dire pendant plus d'un an. Je crois qu'il retourna ensuite à Lyon, où il est mort vers 1884. En effet, je rencontrai
un mariste au commencement de 1885, et il m'apprit que
mon ami était mort peu auparavant. Une sœur Alphonsine,
de l'institut Marie-Joseph de Limoges, lequel a pour but
spécial l'Œuvre des prisons, me confirma de nouveau cette
nouvelle. Elle ne tarissait pas d'éloges à l'endroit du père Capouillet, et vantait le zèle et le dévouement de cet homme de

bien qui, disait-elle, avec une tête un peu chaude, avait le cœur d'un véritable apôtre.

Je ne saurais mieux clore cette liste des principaux membres de la colonie française qu'en rappelant le nom du père Muard, bien qu'il ne fît que passer à Rome, sans presque s'y arrêter.

Après avoir fondé les missionnaires de Pontigny, dans le diocèse de Sens, le père Muard se sentit l'inspiration de restaurer l'ordre des bénédictins, selon la primitive observance. Voulant se bien pénétrer de l'esprit du saint patriarche, il résolut d'aller passer deux années dans la grotte de Subiaco, berceau de l'ordre. Dans ce but, il partit pour Rome, où je l'entrevis seulement avant qu'il allât s'enfermer au *Sacro Speco*. Puis, cela fait, et avant de repartir pour la France, il se rendit à Gaëte, implorer les bénédictions du pape. Il est mort le 19 juin 1854, en odeur de sainteté, et l'on songe à sa canonisation. L'enquête de l'ordinaire a eu lieu, et tout semble préparé à Rome pour l'introduction de la cause de béatification ; le décret seul n'a pas paru.

Nous emprunterons aux dépositions qui furent faites, lors de l'enquête de l'ordinaire, ce qui a trait aux voyages du père Muard, à Subiaco et à Gaëte.

Voici les paroles du dixième témoin, le père Massé, missionnaire de Pontigny :

« Le père Muard et son compagnon, le père Maur Delalevée, allèrent à pied de Rome à Subiaco. L'abbé qui résidait au *Sacro Speco* les conduisit en un lieu appelé Saint-Laurent de Fanello, à environ trois milles de distance. Ils s'installèrent dans cet ermitage favorable à leurs desseins et y menèrent une vie austère et pénitente. Ils se levaient à trois heures après minuit, jeûnaient chaque jour et nous écrivaient que leur dépense quotidienne pour la nourriture n'excédait pas 5 à 6 sous. La faim donnait, paraît-il, une grande saveur à leurs légumes, pourtant bien mal assaisonnés.

« De Subiaco, le père Muard se rendit à Gaëte en suivant le cortège d'un cardinal. Il voulait voir le saint-père pour lui exposer ses desseins et lui demander sa bénédiction. Pie IX l'accueillit avec bonté, l'encouragea et le bénit. Ensuite, le saint homme s'en retourna seul à Subiaco, qu'il abandonna d'ailleurs bientôt pour revenir en France. Je lui ai entendu dire que son retour fut abreuvé d'humiliations et qu'il subit toutes sortes d'avanies, que même il n'échappa pas aux atteintes de la plus extrême misère. Dans un château, on le fit manger avec les valets et coucher sur la paille. Les trappistes d'Aiguebelle le prirent pour un vagabond, à cause du mauvais état de ses habits, et, quoi qu'il fît et dît, il ne put les convaincre de la vérité de ses paroles. »

Le treizième témoin de l'enquête, qui n'est autre que son compagnon de route, raconte ce qui suit :

« En nous rendant à Rome, nous passâmes par Ars pour y consulter le vénérable curé. Il nous reçut avec une bonté toute particulière, nous hébergea et nous encouragea beaucoup à persévérer dans notre pieux dessein. Arrivés dans la ville éternelle, nous cherchâmes pendant quinze jours un asile dans la campagne romaine, afin d'y pratiquer la vie de retraite et de pénitence. Nous n'en trouvions aucun qui nous convînt, lorsqu'un jour nous rencontrâmes un architecte français auquel nous fîmes part de nos desseins. Il nous parla de Subiaco. Ce mot fut une révélation soudaine pour le père Muard. Aussitôt, nous partîmes pour cette localité, et, à notre demande, l'abbé du *Sacro Speco* nous offrit l'ermitage de Saint-Laurent de Fanello. Nous nous y installâmes et y vécûmes à si peu de frais que nous ne dépensions pas, à trois, 1 franc par jour de nourriture. J'allais acheter à Subiaco les légumes qui nous étaient nécessaires ; nous les mangions cuits à l'eau et au sel. Bientôt après, nous fîmes le voyage à Gaëte, où était alors le souverain pontife, pour lui soumettre le genre de vie que nous voulions embrasser. Au bref exposé de nos règles, Sa Sainteté répondit par des paroles d'encouragement et le père Muard s'en retourna affermi plus que jamais dans ses résolutions et ravi, au delà de toute expression, de l'accueil paternel qu'il avait reçu. »

VI

Studio del Concilio. — Les trois premiers élèves français. — Mgr d'Andrea. —
M. l'abbé Richard. — Romero et la pension de Saint-Nicolas de Cesarini.
— L'abbé Bernier, correspondant de *l'Univers* et son collaborateur Barnès.
— L'abbé Cartenstadt. — Le docteur Bérard. — Balestros. — Lord et lady
Clifford.

Prosper Lambertini, le futur Benoît XIV, secrétaire de la
Congrégation du Concile, en 1718, institua une école d'application pratique du droit canon qui prit le nom de *Studio*. On
y reçut les docteurs et même les licenciés en droit canonique
afin de leur permettre d'y faire un stage. Les stagiaires y peuvent prendre communication des affaires pendantes, colla-
borent à leur expédition par leurs travaux personnels et les
discutent entre eux, sous la présidence du secrétaire, quelques
jours avant qu'elles soient décidées en session solennelle, au
Vatican, où les cardinaux s'assemblent pour tenir leurs assises.
Mgr le secrétaire commence, avant la délibération des éminentissimes, par rendre compte de l'avis qui a prévalu au
Studio.

Pendant cent trente ans, les Français venus à Rome pour
compléter leurs études ne parurent pas avoir l'idée de s'enrôler
dans une institution si utile. Le *Studio* semblait ne pas exister
pour eux. Enfin, au mois de novembre 1847, trois d'entre eux
sollicitèrent et obtinrent leur admission. Tous trois étaient,
disons-le en passant, d'anciens élèves de la Compagnie de
Saint-Sulpice; c'étaient : M. l'abbé Langlois, du diocèse de
Bayeux, aujourd'hui religieux de l'ordre des prémontrés et
curé de Mondaye; le second, M. l'abbé de Beuvron. Originaire
du diocèse d'Orléans, il passa plus tard dans celui de Paris
et fut pendant trente ans aumônier du Val-de-Grâce. Il est
actuellement chanoine de la métropole. Le bruit de sa mort se
répandit pendant la guerre de 1870 ; or, voici ce qui y donna
lieu. Aumônier militaire du maréchal de Mac-Mahon, il avait
assisté à la terrible bataille de Reichshoffen. On prétendit que,
pendant l'action, un obus l'avait tué. Il n'en était rien, heureusement.

Le troisième élève du *Studio* en décembre 1847, ce fut moi, l'abbé Chaillot.

Mᵍʳ d'Andrea, grand protecteur et ami des Français, avait, à cette époque, le titre de secrétaire de la Congrégation du Concile. D'origine napolitaine, il était le fils d'un ancien ministre des finances du royaume de Naples, lequel, au bout de vingt ans de charge, laissa son portefeuille et sortit des affaires plus pauvre qu'il n'y était entré, bel exemple de probité digne d'être cité.

Avant d'être secrétaire de la Congrégation du Concile, Mᵍʳ d'Andrea avait été nonce en Suisse et avait pris part à l'affaire du Sonderbund ; ce fut au retour de sa nonciature qu'il reçut le titre de secrétaire de la Congrégation. Au moment de la chute du pouvoir temporel, on le rechercha très activement, et ordre fut donné de ne pas lui laisser franchir les portes de Rome. Les élèves, qui lui étaient tout dévoués, lui conseillèrent de se déguiser en marchand d'huile et l'aidèrent à opérer son travestissement. Revêtu d'un habit de *contadino*, le fouet au cou, conduisant une lourde charrette chargée d'outres et de barils pleins d'huile, d'Andrea traversa la ville sur le soir et gagna la voie Appienne sans être nullement inquiété par les factionnaires, qui ne songèrent pas un seul instant que le secrétaire d'une importante Congrégation s'évadait sous la protection d'un pareil costume.

En 1849, après la chute de la république romaine, Pie IX nomma Mᵍʳ d'Andrea commissaire pontifical dans les provinces occupées par l'armée autrichienne. C'est au retour de cette mission, en 1852, que le pape, pour le récompenser de ses bons et loyaux services, le créa cardinal. Treize années plus tard, vers 1865 environ, il tombe gravement malade, et, comme après la guérison l'état de langueur se prolongeait pendant la convalescence, son médecin lui conseilla, pour se rétablir, d'aller respirer l'air natal ; mais déjà les Piémontais occupaient le Napolitain. Aussi, quand le cardinal adressa au pape sa demande de congé, Pie IX refusa net. « Mon cardinalat, disait d'Andrea moitié plaisant, moitié sérieux, mon cardinalat aura pour effet de me faire mourir vingt ans plus tôt. »

Sur ces entrefaites, le médecin du pape, le docteur Viala Prelà, ayant eu occasion de voir le cardinal, jugea, comme son confrère, l'air natal absolument indispensable pour le complet retour à la santé et le dit franchement à Pie IX. Celui-ci demeurait perplexe, ne voulant pas cependant assumer la responsabilité de la mort d'un des membres du Sacré Collège. Il trouva enfin une *combinazione* qui sauvegardait les deux situations : « Je n'accorde pas, dit-il, l'autorisation de partir pour le royaume de Naples, mais je promets d'agir comme si j'ignorais ce départ au cas où l'on jugerait à propos de l'effectuer. » D'Andrea ne se fit pas répéter une parole qu'il tint pour un consentement tacite et se rendit aussitôt dans son pays où il séjourna plusieurs années jusqu'à ce qu'il eût recouvré une parfaite santé. Il revint à Rome vers la fin de 1869 et mourut peu de temps après son retour sans avoir pu prendre part au concile œcuménique.

Pendant son cardinalat, d'Andrea fut préfet de la Congrégation de l'Index et traita des affaires de la plus haute importance. Il soumit d'abord à l'examen tous les livres de Rosmini parus jusqu'à ce jour. Après quatre ans d'études minutieuses, l'acquittement fut prononcé, le *dimittantur overa*. La seconde affaire qui mit en relief les solides qualités d'Andrea fut la critique des doctrines philosophiques de l'Université de Louvain. Toutefois, il avait quitté la préfecture de l'Index lorsqu'on prit les dispositions que l'on sait contre l'ontologisme du fameux docteur Ubaghs.

D'Andrea avait grand air et ses manières étaient fort distinguées. C'était un gentilhomme achevé, parlant très correctement le français. Sa sobriété était déjà proverbiale à l'époque où il était secrétaire de la Congrégation du Concile. S'il ne prit, par exemple, jamais de café, nous croyons qu'il le fit par prescription médicale, car nous l'avons vu souvent chez lui, à la fin d'un repas, se faire servir quelques grains de la plante torréfiée, qu'il mâchait ainsi pour savourer l'arome d'un produit dont il ne voulait point, pour des raisons à lui connues, user en infusion, comme le faisait déjà toute la société romaine.

Il est à regretter qu'un si petit nombre de Français ait eu, jusqu'ici, la pensée de prendre des inscriptions au *Studio del concilio*, la première école du monde pour le droit canon. Ailleurs, on peut faire un cours de théologie aussi complet et aussi intéressant peut-être qu'à Rome, mais ce n'est qu'au *Studio* qu'il est possible de s'initier à l'esprit et à la lettre des prescriptions canoniques, aussi bien qu'à la jurisprudence du concile de Trente. Près de deux cents étudiants fréquentent les cours. Combien sont inscrits au Studio? Quatre ou cinq, peut-être, et encore nous n'oserions l'affirmer ! Il est pourtant notoire qu'avec le commentaire de la doctrine de saint Thomas, qu'on donne à la Minerve, le *Studio del concilio* est l'école la plus autorisée pour tous ceux qui devront un jour enseigner la théologie dogmatique et morale et faire un cours théorique et pratique du droit ecclésiastique.

Peu de temps après l'élection de Pie IX, arriva de Nantes un jeune ecclésiastique dans le double but de compléter ses études et de rétablir, s'il était possible, une santé gravement compromise ; je veux parler de M. l'abbé Richard, aujourd'hui cardinal-archevêque de Paris. Il avait fait son séminaire à Saint-Sulpice, autant du moins que la maladie le lui avait permis et, après avoir reçu la prêtrise, il avait pris le chemin de Rome, espérant trouver dans cette ville, avec un climat plus doux, de quoi satisfaire ses goûts d'études et ses pieuses aspirations. Il était accompagné d'un jeune étudiant nommé Constant Soret, qui avait reçu, disait-on, la mission secrète de veiller sur la santé de l'abbé et d'en tenir sa famille exactement informée.

Tous deux descendirent à la pension Bouisse, *via dell' Ara-Cœli*. Ils s'y trouvèrent avec des personnages dont nous parlerons plus loin, l'abbé Bernier, le correspondant de *l'Univers ;* l'abbé Combes, le futur vicaire général de Rennes ; Louis Perret, le missionnaire laïque de l'Océanie ; lord Clifford et quelques autres.

M. l'abbé Richard ne se fit pas inscrire au *Studio* de la Congrégation du Concile ; l'état de sa santé ne le lui permit pas sans doute ; mais, en revanche, il acheta les meilleurs ouvrages de théologie et de droit canon qu'il put trouver avec un *Bullaire* complet. Puis il noua des relations avec plusieurs employés des congrégations romaines, afin de mieux connaître ce qui se passe au sein de ces doctes assemblées.

Il fit ainsi la connaissance, entre autres, de l'abbé Crociani, chanoine de Saint-Laurent *in Damaso, minutante* (rédacteur) à la Congrégation des Évêques et Réguliers, qui lui communiqua nombre d'affaires soumises à l'examen. Un autre ami de M. l'abbé Richard fut l'archiprêtre Prinzivalli, substitut de la Congrégation des Indulgences, qui lui donna tout un cahier de nouvelles et précieuses décisions sur la matière.

Les consultations de la plupart des congrégations romaines restèrent longtemps manuscrites. On avait des copistes qui en transcrivaient le nombre d'exemplaires strictement nécessaires, mais l'incommodité de ce système lui fit bientôt substituer l'impression. Dès 1696, nous trouvons imprimées les décisions de la Congrégation du Concile. Le Saint-Office et l'Index attendirent jusqu'à 1815, et enfin ce n'est qu'en 1834, sous la préfecture du cardinal Sala, que furent imprimées, à cinquante exemplaires seulement, à l'usage des cardinaux et des consulteurs, les décisions de la Congrégation des Évêques et Réguliers. Cette impression est un surcroît de dépenses pour le trésor pontifical; nous savons en effet que la Congrégation des Évêques et Réguliers absorbe au moins chaque année la somme de 4 000 francs, pour ce qui concerne ses affaires seules.

Avant l'invasion piémontaise, l'imprimerie de la Chambre apostolique avait le monopole de toutes ces affaires. En 1870, les pièces ayant été *incamérées* par les Italiens, on lui substitua l'imprimerie de la Propagande. Aujourd'hui, on a établi une imprimerie au Vatican, et toutes sortes de travaux y sont édités ; la Propagande n'a conservé que les affaires relatives aux missions.

Il est d'usage aux imprimeurs, on le sait, de conserver un ou plusieurs exemplaires de toute œuvre qui sort de leurs presses ; l'imprimerie de la Chambre apostolique a suivi cette pratique. Ses archives ayant été *incamérées* en même temps que ses presses, il en résulte que les dossiers des affaires les plus secrètes, antérieures à 1870, sont à la merci de toutes les indiscrétions.

Les progrès de la révolution romaine effrayèrent Bouisse à tel point, qu'à la fin d'avril 1848, il ferma son hôtel de *l'Ara Cœli*. M. l'abbé Richard fut donc obligé de chercher une autre demeure. Il s'établit chez un honnête employé, d'origine espagnole, nommé Romero, qui habitait place Saint-Nicolas de Cesarini. Plusieurs de ses collègues l'y suivirent, et l'on finit par avoir une table de six convives. A cette époque, les vivres étaient d'un bon marché incroyable. Notre ordinaire se composait de trois plats de viande et d'un plat de légumes avec du pain et du vin à discrétion, le tout pour quinze baïoques (sous). Aujourd'hui, un repas équivalent coûterait 4 francs au moins.

Quand éclata la révolution romaine, Romero donna un rare exemple de probité. Il était employé au ministère des finances et on l'avait chargé de la confection des bons du Trésor. Il en possédait pour 200 000 francs au moment de la fuite du pape à Gaëte. Que devait-il en faire? Fallait-il les remettre au gouvernement révolutionnaire, ou les conserver en attendant le retour du pape? Indécis et perplexe, il prit conseil de M. l'abbé Richard qui lui fit un cas de conscience de conserver ses bons et d'attendre, pour les rendre, le rétablissement du gouvernement légitime. Romero suivit ce sage conseil; mais, étrange retour des choses humaines, on lui fit un crime de n'avoir pas donné sa démission au moment du départ du pape et d'avoir continué ses services au gouvernement usurpateur. Toutefois, les amis de Romero, témoin de sa probité, vinrent déposer en sa faveur et finirent par lui faire trouver grâce et par empêcher qu'on le destituât. Parmi ses protecteurs les plus influents, il convient de mentionner le préfet de police français, M. Le Rousseau, dont l'aide et l'appui lui furent d'un grand secours après l'entrée à Rome de l'armée d'occupation.

M. l'abbé Richard quitta la ville éternelle à la fin du carême 1849, et, par conséquent, avant l'arrivée de l'expédition française. Il s'arrêta, je crois, au grand séminaire d'Avignon pour y passer la semaine sainte et les fêtes de Pâques. De là, il rentra dans son diocèse où il remplit les postes importants auxquels le désignaient tout naturellement sa science et ses talents.

L'abbé Bernier était secrétaire de l'évêché de Luçon sous Mᵍʳ Soyer. Après la mort de ce digne prélat, les médecins conseillèrent à M. Bernier, qui était de complexion faible, d'aller passer quelque temps dans un climat plus doux, par exemple en Italie. Il se décida à venir à Rome et y arriva presque en même temps que M. l'abbé Richard. Sur ces entrefaites, M. de Messey, alors correspondant de *l'Univers*, quitta Rome en 1848, lorsque Pie IX partit pour Gaëte. Bernier écrivit secrètement à la rédaction pour solliciter la place vacante. Ses offres furent agréées. Pendant deux années entières, rien ne transpira au dehors ; M. l'abbé Richard, son ami, n'en sut rien lui-même et n'en aurait peut-être jamais rien su sans un petit incident qui fut l'indice révélateur. Au mois d'août 1850, après le retour de Pie IX, une madone miraculeuse opéra des prodiges à Rimini. De nombreux témoins la virent ouvrir et fermer les yeux et renouveler ce qui s'était déjà produit au temps de la révolution romaine, sous le pontificat de Pie VI.

Bernier publia sur ce sujet une série de lettres anonymes qui parurent dans *l'Univers*. Il réunit ensuite ces lettres en un petit volume qu'il voulut présenter à Pie IX au cours d'une audience qu'il avait sollicitée. Ce volume nous tomba sous la main et dévoila ainsi le grand secret de la collaboration clandestine à *l'Univers*.

Bientôt la santé de l'abbé Bernier, qui n'avait jamais été bonne, s'altéra de plus en plus et l'obligea à ne plus guère quitter sa chambre. Il s'adjoignit alors pour collaborateur un Anglais du nom de Barnès.

Barnès avait été dans sa jeunesse, à ce qu'on rapporte, acteur à Londres. Lorsque l'âge le contraignit à renoncer au théâtre, il partit pour la Jamaïque où il se livra au commerce du café. Ayant trouvé là-bas tout le contraire de la fortune qu'il cherchait, il vint à Rome muni de bonnes références, fut reçu à *la Minerve* et chargé par Bouisse de présider la table de l'hôtel et d'écouter les plaintes et les désirs des convives pour y faire droit dans la mesure du possible. Sa conduite fut toujours irréprochable et nous l'avons vu devenir successivement membre et président de la Société de Saint-Vincent de Paul, établie à Saint-Louis des Français.

L'abbé Bernier est mort à Rome en 1857, dans l'exercice de ses fonctions de correspondant de *l'Univers*.

Je fis la connaissance, toujours à l'époque dont je vous parle, d'un ecclésiastique, d'origine hollandaise à la vérité, mais qui vécut sur le pied d'une étroite intimité avec la colonie française, je veux parler de l'abbé Cartenstadt.

Tout jeune prêtre, il était parti pour Batavia où il remplit pendant dix ans les fonctions de missionnaire colonial, s'occupant activement de la conversion des infidèles. Le gouvernement hollandais accorde 3000 florins de pension à tous ses nationaux qui passent dix années à Batavia en qualité d'employés civils ou militaires ou à titre de missionnaire. Cartenstadt put même quitter Batavia pour retourner en Hollande avant ses dix années de service révolues sans perdre sa pension. En 1850, il arriva à Rome qu'il ne quitta plus pendant les trente années qu'il vécut encore. Il cultiva différentes branches des sciences ecclésiastiques, particulièrement la liturgie et le droit canon. Il acquit promptement la pratique de la langue italienne, au point de pouvoir se livrer au ministère paroissial. Chaque année, à l'époque de la canicule, quand la malaria infestait les rivages d'Ostie et de Fiumicino, il remplaçait le curé du lieu, ne voulant pas laisser sans secours spirituels une poignée de *contadini* que leurs intérêts matériels retenaient attachés à ce sol qui, de juin à octobre, dévore à la lettre ses habitants.

L'hiver, il se mettait volontiers au service des pauvres qui étaient en procès ou en instances devant quelque congrégation romaine. Il composait les mémoires juridiques, les faisait imprimer à ses frais, se chargeait en un mot de tous les pas et démarches utiles pour la prompte expédition des affaires. Que de personnes n'a-t-il pas ainsi obligées par sa charitable érudition ! Un chanoine d'Angers que j'ai connu ne savait comment lui témoigner sa reconnaissance. Le curé de Saintes était molesté par son évêque, l'évêque de la Rochelle (1) ; il fut même obligé de donner sa démission, restant privé du même coup de tout moyen d'existence. Cartenstadt prit en main sa cause et lui fit assigner une pension viagère suffisante.

Par ses trente années d'études, notre ecclésiastique hollandais avait acquis des connaissances très étendues et une certaine compétence en matière liturgique. On dit même que la Congrégation des Rites le consultait fréquemment pour la décision de certains cas et qu'elle s'en rapportait souvent à son avis. C'est lui, en outre, qui se chargea de dresser la table des matières du *Thesaurus resolutionum* de la Congrégation du Concile. Il mourut en 1880, avant d'avoir achevé ce dernier travail dont l'expédition subit, après lui, d'interminables retards. Sa succession passa tout entière à une nièce qu'il avait en Hollande et qu'il n'a jamais eu l'occasion de voir. Le liquidateur fut le baron de Good, actuellement sous-directeur du Crédit mobilier de Rome. Je me souviens qu'il vendit la superbe bibliothèque de Cartenstadt au libraire Darius Rossi qui ne la paya pas cher, 5 000 francs si mes souvenirs sont exacts.

Il est encore une figure typique qui m'est restée profondément gravée dans l'esprit : c'est celle du docteur Bérard. Au commencement du règne de Louis-Philippe, Bérard, qui était légitimiste intransigeant, publia le livre des *Cancans* que les tribunaux poursuivirent à plusieurs reprises. Jamais Louis-Philippe et sa dynastie ne furent attaqués avec plus de verve et d'esprit. Il publia, en outre, un volume de fables politiques qui lui attira toutes sortes de désagréments du côté de la police. Il vit bientôt clairement que s'il voulait sauvegarder son indépendance, le plus sûr et peut-être le seul parti pour lui était de prendre le chemin de l'exil. A ce

---

(1) Devenu plus tard archevêque de Rouen (mort depuis. — P. R.).

moment, le choléra sévissait dans la Péninsule. Bérard, qui avait autrefois suivi les cours de médecine de la Faculté de Paris, songea à reprendre ses études interrompues, pensant qu'il pourrait exercer à l'étranger la profession de médecin et se faire une clientèle en Italie avec d'autant plus de facilité que l'épidémie décuplait le nombre des malades.

Aussitôt il s'embarque pour Naples, prend son grade de docteur et s'arrange de telle façon qu'on put croire avoir affaire à un praticien de vieille date et de talents acquis par une expérience consommée. A Rome, où il vint ensuite et qu'il habita pendant quarante ans, il eut même du succès. Il se ressouvint alors d'une jeune personne qu'il avait connue à Paris et, bien qu'elle ne fût pas tout à fait de sa condition, il la fit venir et l'épousa religieusement. Cette union fut féconde ; il en eut dix-huit enfants qu'il a établis avantageusement et qui ont été ses soutiens pendant les années de sa vieillesse. L'une de ses filles ouvrit un magasin d'objets de piété sur la place d'Espagne. Une autre, la plus jeune, nommée Isabelle, épousa le comte de Coëtlogon, qui possédait un magnifique château près de Versailles. C'est là que Bérard a passé les dernières années de sa vie.

Bérard, outre sa profession de médecin, songea à en prendre une autre qui réussissait fort bien à quelques-uns de ses amis. Il ouvrit une pension avec table d'hôte, *via de due Macelli*. Je ne crois pas qu'il y ait trouvé la fortune qu'il avait espérée. A la même époque, il eut la velléité de fonder un journal écrit en français ; trop d'obstacles s'opposaient à la réalisation de son désir, et il y renonça de guerre lasse. « Les Romains, disait-il à ce propos, sont des poltrons ; il ne vous ont pas plutôt accordé une liberté qu'ils vous l'ôtent, ayant toujours peur que vous n'en usiez contre eux. »

Bérard me fit voir un jour un fameux manteau qu'il avait acheté, je ne sais où, et qui n'était rien moins, prétendait-il, que le manteau de Henri IV. Il était fier de posséder cet objet ; à chaque instant et à tout propos, il l'exhibait, avec une complaisance marquée, devant des amis, des connaissances et même des inconnus. Après la mort du comte de Chambord, il a pris rang parmi les blancs d'Espagne et n'a pas manqué d'assister à la fameuse réunion qui se tint à Paris en 1885.

Un des noms intéressants de la colonie étrangère à Rome est celui de Balesteros. Balesteros était séminariste en Espagne lorsque éclata la guerre carliste, en 1835. A cette nouvelle, il quitta incontinent le séminaire, enfourcha un cheval et courut sus à l'ennemi. Il ne tarda pas à être promu au grade d'officier de cavalerie et se battit toujours bravement, frappant d'estoc et de taille et pourfendant les christinos sans trêve ni merci. La trahison de Maroto ayant mis fin à la guerre, en 1840, l'armée carliste se réfugia en France, où elle y reçut un bon accueil.

Balesteros vint à Perpignan. Il en partit peu après pour se rendre à pied à Rome, à l'exemple du bienheureux de Montfort et de saint Joseph-Benoît Labre. A peine arrivé dans la ville éternelle, il alla frapper à la porte du couvent de l'*Ara-Cœli*, et dans l'entretien qu'il eut avec le général des franciscains, il lui manifesta son vif désir de se faire ermite. Sur ces entrefaites, un ermitage était vacant dans les environs de Tivoli, on le lui donna. Balesteros s'y rendit aussitôt et avant de partir, il revêtit le costume des pèlerins de Saint-Jacques de Compostelle, sans oublier ni les coquilles, ni le bourdon. Chaque dimanche, il allait à l'église paroissiale et assistait dévotement aux offices, à la grande édification des fidèles.

Il y avait déjà six mois que Balesteros menait ce genre de vie, lorsque le général des franciscains le rappela à Rome, le priant d'accompagner, en qualité de clerc (*chierico di Monsignore*), un évêque de leur ordre qui partait pour le mont Liban. Balesteros y mit autant d'ardeur qu'autrefois à s'enrôler sous les drapeaux carlistes ; cependant, il fut soumis à un rude labeur qui dut lui faire regretter plus d'une fois les fraîches vallées de Tibur et les rives enchantées de l'Anio. Chaque matin, debout avant l'aube, il servait la messe du prélat, puis il descendait dans la plaine chercher l'eau fraîche dont ils avaient besoin. C'était toujours sur son dos qu'il remontait, dans un petit tonneau, la provision quotidienne qui lui paraissait fort pesante et qu'il avait bien deux fois gagnée quand elle était arrivée à sa destination.

Durant quelques mois, Balesteros continua cette existence fatigante et monotone, jusqu'au moment où éclata la guerre entre Druses et Maronites. Ses instincts belliqueux se réveillent alors avec une impétuosité irrésistible. Rien ne peut l'arrêter. Il quitte son maître et oublie la vie érémitique pour monter un cheval, ceindre l'épée et pourfendre impitoyablement, pendant le temps que durèrent les hostilités, tous les Turcs et les Druses qui lui tombèrent sous la main. Sa réputation de bravoure se répandit bientôt en Orient au point de causer à ses ennemis une véritable terreur.

Lorsque l'intervention des Anglais eut mis fin à la guerre, Balesteros comprit que ses jours étaient en danger. Il alla chercher asile chez les franciscains de Damas.

« Qui êtes-vous ? lui demanda-t-on.

— *Il chierico di Monsignore*, le clerc de Monseigneur, répondit-il. »

Il parlait facilement l'arabe, l'espagnol, le français et l'italien.

« Pour l'amour de Dieu, repartirent les moines, sauvez-vous et sauvez-nous ; nous serions perdus sans retour si l'on vous savait ici.

On lui conseilla d'aller à Jérusalem, en gagnant le désert. Il s'y rendit et arriva bientôt au monastère du Saint-Sépulcre, où on lui posa les mêmes questions qu'à Damas et où il donna les mêmes réponses. Le supérieur avait envie de l'éconduire ; mais, en présence de son air de consternation, il eut pitié de lui. Il lui fit couper les cheveux et la barbe pour le rendre méconnaissable et lui confia la charge de sacristain du Saint-Sépulcre. Pendant quinze jours, Balesteros nettoya la chapelle souterraine qui ne l'avait pas été depuis deux siècles. Au contact de cette humidité malsaine, il prit les fièvres, perdit connaissance et resta plusieurs jours entre la vie et la mort. Lorsqu'il fut à demi rétabli, les franciscains crurent qu'il n'entrerait jamais en parfaite convalescence s'ils ne le renvoyaient en Europe. On l'installa, à son insu et pendant son sommeil, dans une vaste corbeille qu'on attacha solidement sur un mulet, et on le confia à un guide qui devait le conduire à Jaffa. Chemin faisant, l'air vif et rafraîchissant des montagnes lui fit éprouver un grand bien-être. Il ouvrit les yeux et demanda à son guide l'explication de ce qui se passait, ce qui lui paraissait mystérieux comme un rêve. N'était ce point une illusion de son esprit, le retour des cauchemars qui l'avaient obsédé pendant sa maladie? Mais non, cette fois il voyait la réalité ; son guide le lui démontra en lui racontant tout ce qui était arrivé et lui expliquant pourquoi il le conduisait à Jaffa. La fièvre avait quitté Balesteros et la faim s'emparait de lui. Ayant vu sur son chemin un figuier sauvage couvert de fruits, il descendit de sa monture, grimpa sur l'arbre et se rassasia, sans se soucier si la Faculté approuvait l'usage de cet aliment peu approprié sans doute à l'estomac d'un convalescent. Le remède ne fit point de mal, puisque la fièvre disparut pour le reste du voyage. A Jaffa, une frégate anglaise était en partance au moment où Balesteros entrait dans la ville. Il alla trouver le capitaine et se recommanda de son titre d'ancien soldat de l'expédition du Liban pour demander son rapatriement gratis. Il l'obtint sans difficulté et monta sur le navire qui ne tarda pas à mettre à la voile. On fit escale au Caire et, pendant plusieurs semaines, Balesteros put parcourir la ville en tout sens. Chaque soir, pour tromper l'ennui qui le rongeait, il errait dans les principales rues de la ville, visitant pour la vingtième fois les bazars chargés d'objets orientaux. Bientôt il s'aperçut qu'un Turc l'observait avec une curiosité toute particulière, avec cette fine obstination habituelle aux limiers de la police. Balesteros, qui n'était pas homme à s'inquiéter pour si peu, lui adressa la parole en arabe. Le Turc lui demanda la permission de l'entretenir et, sans beaucoup insister d'ailleurs, il lui fit raconter tout au long son histoire. Il apprit ainsi que Balesteros était Espagnol et chrétien. Le Turc exerçait l'état de bijoutier, il avait une certaine fortune et deux filles à marier. Comme il savait, insinua-t-il, que les femmes sont plus heureuses en possession de maris chrétiens qu'unies à des musulmans, il lui proposa au choix celle de ses deux filles qui lui agréerait davantage. Après quoi, il réaliserait sa fortune en numéraire et le suivrait volontiers en Espagne, où il se ferait chrétien. Balesteros ne pouvait s'engager à la légère, dans des liens qu'il appréhendait et, bien que la proposition lui parût obligeante, il demanda à celui qui s'offrait d'être son beau-père un peu de temps pour réfléchir. Mais, soit que Balesteros ne se sentît aucune inclination pour le mariage, soit que le bateau levât l'ancre avant qu'il eût pu prendre une décision, notre ancien ermite partit pour Alexandrie sur ces entrefaites, et le Turc attendit longtemps sans doute avec ses deux filles. Peut-être attend-il encore la réponse à des offres si engageantes?

Balesteros arriva bientôt à Rome, et lord Schrewsbury, qui avait su sa valeureuse conduite au Liban, s'intéressa à lui et lui fournit une somme nécessaire pour vivre en attendant qu'il pût trouver, dans une occupation, des moyens d'existence assurés. Il acheta un fonds de mercerie, et ses manières affables lui gagnèrent bientôt la clientèle de presque toute la garnison française. C'est dire que son commerce prospéra au delà de ses espérances et de ses besoins, car il n'avait aucune ambition de faire fortune. Le dimanche, dès la première heure, il se dirigeait vers les hôpitaux de Rome, rasait et nettoyait les malades et les infirmes, leur rendant tous les services que lui inspirait sa charité, ceux-là mêmes qui répugnent le plus à la nature. Content de son sort, il faisait le récit des étapes successives qu'il avait parcourues dans sa carrière, avec un tel entrain qu'on aurait pu supposer qu'il aurait voulu redevenir officier de cavalerie, ermite à Tivoli, *chierico di Monsignore* au Liban et, par-dessus tout, sabrer les Druses.

En 1880, à mon retour à Rome (1), ayant trouvé fermé le petit magasin que tenait Balesteros, à côté du palais Chigi, près de la place Colonna, je demandai de ses nouvelles. On me répondit qu'il était mort. Il n'en était rien ; on l'avait confondu avec un sien frère, mort en effet quelques années auparavant. Aussi quelle ne fut pas ma surprise et ma satisfaction de rencontrer dans le Corso, à quelques jours de là, mon Espagnol métamorphosé en moine. Il m'annonça qu'il était entré chez les religieux de San-Pasquale pour faire, comme il le disait,

(1) Je crois en effet avoir entendu dire que Mᵍʳ Chaillot quitta Rome à l'époque du Concile et se rendit à Bruxelles.

une bonne fin. Quinze jours plus tard, je le rencontrai de nouveau, vêtu cette fois en prêtre séculier. Sur mes plaisanteries au sujet de son changement de costume, il allégua, comme excuse, les maux de tête violents que lui causait le capuchon ; c'est pourquoi il l'avait échangé contre l'habit des prêtres séculiers. Toute son ambition, m'assura-t-il, était de recevoir les ordres et d'aller chanter l'épître dans son pays natal, qu'il n'avait pas revu depuis 1834. La seule difficulté pour lui était d'obtenir des lettres dimissoriales de l'évêque de Vich, son évêque d'origine, qui n'avait sans doute jamais entendu parler de lui. Je lui conseillai de se présenter en qualité de sujet romain (1), en invoquant le nombre des années qu'il avait passées à Rome. Il suivit mon conseil et, muni de bonnes références, il réussit sans trop de difficultés. On lui donna d'abord la tonsure et les ordres mineurs. Sur ces entrefaites, des chanoines de Barcelone ayant fait le voyage de terre sainte lui proposèrent de les accompagner ; j'ai lieu de croire qu'il accepta leurs propositions et fit de nouveau ce voyage. Ce n'est qu'à son retour qu'il reçut les ordres majeurs. Aujourd'hui, il est prêtre et dit la messe dans l'église des ermites de Saint-Augustin, à Sainte-Marie du Peuple.

L'année dernière (1887) il a fait, pendant l'été, le voyage d'Espagne pour réaliser son vœu, ou peut-être simplement son désir de chanter l'épître — et sans doute aussi la messe — dans sa paroisse natale.

Plutôt que de prêter serment de fidélité au roi d'Angleterre, chef suprême de la religion, la famille Clifford renonça au siège qu'elle avait au Parlement britannique. Cet état de choses dura trois siècles, depuis Henri VIII jusqu'à 1829.

Lord Clifford avait épousé miss Weld, la fille du cardinal de ce nom. Lord Weld, en effet, avait été marié avant de faire partie du clergé et avait eu plusieurs enfants. Lorsque Léon XII

---

(1) Il y a quatre titres d'ordination : la *naissance,* le *domicile,* qui se prescrit au bout de dix ans, un *emploi ecclésiastique,* comme par exemple un canonicat, un bénéfice obtenu au concours... enfin la *familiarité,* qui est le choix que l'évêque fait d'un sujet pour être son secrétaire, son caudataire...　　　　(*Note de Mgr Chaillot.*)

apprit l'acte d'émancipation des catholiques d'Angleterre, accepté par le Parlement en 1829, il crut devoir perpétuer le souvenir de ce grand événement par la création d'un cardinal anglais qui résiderait en cour de Rome. On songea d'abord au docteur Lingard, auteur de l'histoire d'Angleterre qui a fait tant de bien aux protestants eux-mêmes, grâce à l'esprit de justice et d'impartialité qui règne d'un bout à l'autre de ce bel ouvrage. Lingard, prêtre modeste, refusa la pourpre et Léon XII jeta alors les yeux sur lord Weld, le fit cardinal, et décida qu'il fixerait sa résidence à Rome.

Lord Clifford (1), nous l'avons dit, épousa la fille de lord Weld dont il eut plusieurs enfants. Ces enfants vivent encore, et l'un d'eux est évêque de Clifton, depuis trente-huit ans.

Une grave maladie que fit lady Clifford l'obligea à quitter l'Angleterre. Son mari la conduisit sur le continent, et bientôt après jusqu'à Rome, espérant qu'elle trouverait, dans la douceur d'un climat méridional, le rétablissement d'une santé gravement compromise. Mais cédons la place, pour la suite de ce récit, au procès de béatification de la véritable Anna-Maria Taïgi, et reproduisons les paroles du second témoin, telles que la déposition en a été faite sous la foi du serment.

« Une dame anglaise, fille du cardinal Weld, étant tombée gravement malade, son père et lord Clifford, son mari, mirent tout en œuvre pour essayer de l'arracher à la mort qui la menaçait. Je connaissais très bien ces personnages et je recommandai la malade aux prières d'Anna-Maria. Après qu'elle eut jeté un coup d'œil sur le mystérieux soleil (2) dans lequel elle voyait l'avenir, elle me dit que nos prières n'obtiendraient pas le but que nous souhaitions, attendu que le Seigneur voulait

(1) Lord Clifford était cousin de lord Palmerston. Il avait reçu à son château le comte de Chambord, dans le séjour que celui-ci fit en Angleterre.

(2) Le soleil dont il est si longuement question dans l'histoire de la vie de la vénérable Anna-Maria Taïgi était un disque lumineux qu'elle vit pendant quarante-sept ans avec celui des deux yeux qu'elle avait perdu. Ce disque lui reflétait l'état de sa conscience et tout ce qu'elle désirait voir dans le passé et dans l'avenir. C'est en le contemplant qu'elle put assister à la mort de Napoléon Ier à Sainte-Hélène. Ce don surprenant nous paraît unique dans la vie des saints. *(Note de Mgr Chaillot.)*

prendre cette âme avec lui. Et la raison qu'elle en donna, c'est que lady Clifford avait fait, dans sa jeunesse, un vœu que Dieu avait accepté. Il s'agissait, dans cette communication, de la révélation d'un grand secret de famille, qui n'était connu que de son père, de son mari et de son confesseur. J'en informai le cardinal Weld qui, frappé de stupeur et saisi d'enthousiasme tout à la fois, alla porter la réponse de la thaumaturge à son gendre. Il fallait admettre une intervention divine dans la révélation d'un si profond secret. Lord Clifford me supplia de le mettre directement en rapport avec la servante de Dieu à qui il était donné de scruter ainsi les consciences et les cœurs; je refusai, selon la défense formelle qu'elle m'avait toujours faite en pareil cas. »

Tels sont à peu près les termes de la déposition du témoin qui fut entendu lors du procès instruit pour la cause de la vénérable Anna-Maria.

Lord Clifford comparut lui-même comme témoin et confirma pleinement tout ce qui avait été raconté (1).

Peu de temps après, lady Clifford mourait, justifiant ainsi le caractère surnaturel des prédictions qu'avait faites à son sujet Anna-Maria Taïgi. Quant à lord Clifford, il était attaché à Rome, il voulut y demeurer le reste de ses jours. A l'époque où je fis sa connaissance, il habitait un modeste hôtel sur la place de l'Ara-Cœli. Pendant l'hiver 1847-1848, il me communiqua, sur l'appel de Louis-Philippe d'Orléans à la couronne de France, certains détails secrets que je crois important de consigner ici dans l'intérêt de l'histoire, détails graves et que je tiens, je le répète, de sa propre bouche.

Lord Clifford avait eu autrefois pour précepteur l'abbé Barruel, l'auteur des *Mémoires pour servir à l'histoire du jacobinisme*, qui avait été obligé de passer en Angleterre avant la Terreur.

Lorsqu'en 1825 lord Clifford vint à Paris, il ne voulut pas loger ailleurs que chez son ancien professeur dont il avait gardé si bon souvenir. Un jour, un personnage mystérieux se

(1) Page 519 du procès.   (*Mgr Chaillot.*)

présente chez Barruel et lui remet un pli cacheté. L'abbé en ayant pris connaissance donna un billet de mille francs au commissionnaire qui salua profondément et se retira. Barruel communiqua l'écrit à Clifford. C'était le décret des loges maçonniques qui appelait Louis-Philippe d'Orléans à devenir roi de France. Mais étant donné son caractère, il ne devait le savoir qu'au dernier moment ; il fallait donc qu'un membre autorisé de la famille royale se présentât devant le Grand Orient et acceptât la couronne en son nom.

La même chose se reproduisit quinze jours plus tard. Le correspondant de Barruel vint de nouveau, remit un second pli et reçut en échange un autre billet de mille francs. Ce correspondant apportait la relation de la séance du Grand Orient tenue chez le banquier Laffitte. Madame Adélaïde, sœur de Louis-Philippe, y avait assisté, et, en acceptant la couronne pour son frère, s'était engagée à le faire ratifier son acceptation et à ne lui révéler le secret de cette affaire qu'au moment de son exécution.

Les conditions de l'avènement de Louis-Philippe ne furent pas très compliquées ; il n'y en eut que deux :

. 1° La franc-maçonnerie accorde au futur·roi Louis-Philippe la pleine et entière autorisation de s'enrichir autant qu'il le voudra. 2° Louis-Philippe d'Orléans promet de ne pas toucher à l'Université de France et de ne jamais accorder la liberté d'enseignement. Voilà ce que je tiens de la bouche même de lord Clifford, qui l'avait appris lui-même de l'abbé Barruel. Je n'assume pas, bien entendu, la responsabilité d'assertions aussi graves, bien que je les ai puisées à une source très autorisée.

Lord Clifford était bien le meilleur homme que j'aie connu. Il se levait de bonne heure, se rendait à l'église où il passait trois heures en prières, et employait le reste de la journée à composer de grands articles politiques qu'il publiait dans les journaux de Londres. Il est mort à Londres en 1854.

Si les circonstances de l'avènement de Louis-Philippe au trône de France furent telles que nous l'avons raconté précédemment, on conçoit sans peine que le parti libéral ne voulût plus du roi lorsqu'il ne fut plus surveillé et contenu par sa sœur; or, Madame Adélaïde mourut vers la fin de 1847. A partir du jour de cette mort, la chute de Louis-Philippe fut décidée. Le roi prêta le flanc aux coups de ses ennemis en commettant une grosse faute. Ne pouvant plus compter sur l'Angleterre qui lui battait froid à cause des mariages espagnols célébrés un an auparavant, il se rapprocha diplomatiquement des puissances du Nord. Le signe et le gage tout à la fois de ce rapprochement fut la suppression de la république de Cracovie, dernier lambeau de l'indépendance de la Pologne.

Comme nous souffrions de la disette, Louis-Philippe fit acheter à crédit pour 50 millions de blés russes à Taganrog et à Odessa. La France se sentit humiliée de cette opération. L'empereur Nicolas qui, après dix-huit années, gardait au fond du cœur une rancune implacable contre le roi, commença enfin à se montrer pour nous aimable et bienveillant. On conçoit un peu toutefois cette vieille rancune de la part de l'empereur Nicolas, car la révolution de juillet 1830 avait empêché l'exécution du plus beau plan que la diplomatie russe eût jamais conçu; nous voulons parler du fameux traité d'alliance offensive et défensive entre Charles X et la Russie, traité par lequel on aurait chassé de l'Europe, les Turcs et les Anglais. La France aurait pris la Belgique et les rives du Rhin qui forment sa frontière naturelle. L'expédition d'Alger aurait été un commencement d'exécution du traité franco-russe en vertu duquel le czar aurait livré à la France, non seulement l'Algérie et la Tunisie, mais encore Tripoli et l'Égypte elle-même, pourvu que l'Angleterre fût effacée de la carte d'Europe. Le roi de Hollande devait recevoir le Hanovre, en compensation de la perte de la Belgique cédée à la France. Quant au czar, il s'attribuait simplement la Turquie d'Europe et Constantinople.

On comprend dès lors la colère qu'excitèrent dans l'âme de l'empereur Nicolas la révolution de Juillet et l'avènement de Louis-Philippe au trône de France. Il ne se calma que lorsqu'il apprit sa chute.

Quand la déchéance du roi eut été décidée, on commença la campagne des banquets électoraux qui mirent toute la

France en si grande agitation. Lamartine attisa le feu de la révolte en publiant son *Histoire des girondins.* Au lieu de faire les concessions nécessaires en accordant l'extension du cens électoral, Louis-Philippe, mal conseillé par Guizot, qui était ministre depuis dix-huit ans, opposa une résistance qu'il croyait nécessaire à l'honneur et à l'affermissement de sa dynastie. Un mois plus tard, le mouvement révolutionnaire triomphait dans Paris ; l'armée n'eut pas un seul général décidé à commander le feu contre les émeutiers, et le juif Crémieux alla signifier au roi qu'il ne lui restait plus qu'un parti, celui de prendre le chemin de l'exil.

Lorsque Louis-Philippe tomba, les fortifications de Paris venaient d'être achevées ; les forts regardant là capitale étaient armés de gros canons pour empêcher ou réprimer toute tentative d'insurrection. Le duc de Nemours et le duc d'Aumale avaient le commandement de l'armée de terre, Joinville celui de l'armée de mer ; l'immortalité en un mot semblait assurée à la dynastie d'Orléans. Mais la politique humaine est toujours courte par quelque côté : *Nisi Dominus custodierit civitatem, frustra vigilat qui custodit eam !*

Vers la fin du règne de Louis-Philippe, M. Rossi, nous l'avons déjà dit, fut envoyé à Rome comme ambassadeur extraordinaire avec la mission de demander la suppression de la Compagnie de Jésus. Comment le gouvernement de Louis-Philippe se décida-t-il à solliciter la suppression de ces religieux ? Cela mérite explication.

L'Angleterre était mécontente de Louis-Philippe qui avait fait contre son gré des mariages espagnols. Le duc de Montpensier avait épousé une princesse espagnole, la sœur de la reine, et la reine Isabelle avait été mariée à son cousin, Dom François d'Assise. Ces mariages, dis-je, avaient déplu à l'Angleterre, parce qu'ils assuraient la prépondérance de la France en Espagne. De là viennent les intrigues secrètes de lord Palmerston tendant à favoriser l'arrivée de Louis-Napoléon sur le trône de France. Or comme les jésuites n'avaient jamais pu obtenir de Louis-Philippe l'autorisation d'établir des collèges, on crut à propos de les gagner à l'intrigue napoléonienne. On dit que le secrétaire du Grand Orient fit alors le voyage de France et vit plusieurs fois le jésuite le plus influent de cette époque, le célèbre père Deschamps, l'auteur du livre *le Monopole universitaire* (1) qui avait fait tant de bruit en 1843, au moment où l'on commençait la campagne pour la liberté d'enseignement. Le secrétaire du Grand Orient de Londres communiqua au père Deschamps la correspondance autographe échangée entre Louis-Napoléon et lord Palmerston, correspondance qui concernait les conditions d'arrivée du prince au trône de France. Lord Palmerston, bien entendu, ne traitait pas comme chef du ministère anglais, mais comme grand maître de la franc-maçonnerie. Le P. Deschamps garda ces lettres deux fois vingt-quatre heures ; en les restituant, il déclara qu'il ne pouvait prendre aucun engagement au nom de la Compagnie. Cependant ces pourparlers ne furent pas tout à fait stériles, puisqu'ils amenèrent certains rapprochements entre le gouvernement britannique et les jésuites ; et, en effet, six ans plus tard, l'Angleterre, voulant avoir des aumôniers catholiques pour l'armée de Crimée, s'adressa à la Compagnie de Jésus.

Que contenaient ces lettres échangées entre lord Palmerston et Napoléon? Si nous pouvons nous en rapporter aux confidences d'un ami du R. P. Deschamps, le prince Louis-Napoléon promettait à Palmerston entre autres choses, que lorsqu'il serait devenu maître de la France, il ne devrait pas avoir de politique étrangère spéciale, mais qu'il servirait les intérêts anglais partout et constamment sur tous les points du globe. Et l'événement en effet confirme l'existence de cette promesse. Tout le monde reconnaît aujourd'hui que l'expédition de Crimée, la campagne de Chine et celle du Mexique ne présentaient aucun intérêt pour la France, et que l'Angleterre seule pouvait en profiter. Ce qui surprend, c'est que dès l'année 1847, tous ces grands projets politiques, qui ont occupé le règne de Napoléon III, furent conçus, prémédités, stipulés

(1) Ce livre parut sous le nom de l'abbé des Garêts, chanoine de Lyon. Le R. P. Deschamps publia plus tard un travail important sur les sociétés secrètes et la franc-maçonnerie.

et acceptés par écrit par le prince Napoléon. Ainsi l'expédition de Crimée, la campagne d'Italie en 1859, l'expédition de Chine et la prise de Pékin en 1861, l'expédition du Mexique en 1863 et années suivantes, tout cela fut promis par Napoléon aux Anglais à la condition qu'ils lui assureraient leur concours pour réaliser le rêve de son ambition. Tout fut examiné et concerté, excepté un point qui fit manquer tout le reste. Palmerston et le prince Napoléon ne prévirent pas l'effort héroïque et vraiment gigantesque que firent les États-Unis de l'Amérique du Nord en mettant sur pied un million d'hommes afin d'écraser l'insurrection des sudistes.

Cette rébellion domptée, Napoléon dut abandonner le Mexique et tout le plan échoua. Ce plan consistait à enfermer les États-Unis dans cinq cercles de fer qu'ils ne pourraient jamais briser et qui mettraient un éternel obstacle à leur agrandissement. Voici en quoi consistaient ces cercles : 1° il devait y avoir une confédération des colonies britanniques du Canada et du nord de l'Amérique ; 2° l'empire du Mexique serait attribué à Maximilien sous la protection de la France et de l'Autriche ; 3° l'indépendance des États du Sud serait reconnue et confirmée par des traités ; 4° la France créerait un nouveau Gibraltar dans l'isthme de Panama et en ferait un établissement militaire de premier ordre ; 5° enfin on restituerait à l'Espagne quelques anciennes colonies, Guatémala, la Colombie, etc. En sorte que les États-Unis auraient toujours eu à compter avec quatre grandes puissances de l'Europe : l'Angleterre, l'Espagne, l'Autriche et la France, pour se débarrasser des entraves qu'on aurait mises à sa liberté.

Les Américains prévoyant l'immensité du danger, levèrent un million d'hommes et dirigèrent vers le sud ce torrent qui emporta tout, et les Anglais, en présence de telles forces, n'osèrent jamais déclarer la guerre aux États-Unis. Avant la fin du siècle, les Américains qui ont débuté avec 400 000 hommes en auront 100 millions ; ils auront acquis la suprématie maritime.

Nous ne pouvons pas, dans cette circonstance, ne point blâmer Napoléon d'avoir ainsi, pour satisfaire ses vues ambitieuses, compromis l'amitié traditionnelle des Américains avec la France. De toutes les nations du monde, la France était celle qui devait se prêter le moins à une expédition du Mexique ; car elle ne pouvait pas méconnaître la belle œuvre qu'elle avait accomplie au siècle dernier en préparant l'indépendance américaine, par l'envoi de ses flottes et de ses volontaires. Rochambeau, Lafayette, Moncalm et d'autres, n'étaient-ils pas partis pour combattre en faveur des Américains contre les Anglais ? Malgré l'état obéré des finances, Louis XVI n'avait-il pas créé une flotte magnifique qui couvrit l'Océan et paralysa les efforts maritimes des Anglais? Les Anglais s'en vengèrent sans doute en attisant les flammes révolutionnaires qui consumèrent le trône de Louis XVI.

La politique anglaise est ordinairement courte dans ses vues ; elle a pour habitude de tout sacrifier à la passion du moment présent, sans prévoir les conséquences à venir. Après la guerre de Sept ans, en effet, l'Angleterre crut faire merveille et remporter un grand succès diplomatique, lorsqu'elle contraignit la France à lui céder toutes ses colonies américaines, le Canada, le Labrador, la Louisiane, l'Acadie, etc. Qu'arriva-t-il? Les colons qui n'auraient jamais été tentés de se rendre indépendants s'ils avaient eu à lutter à la fois contre l'Angleterre et contre la France, voyant qu'ils n'avaient affaire qu'au gouvernement britannique, espérèrent dans le succès et prirent les armes pour secouer le joug de la mère patrie. Et la France, loin de les contrarier, les aida par sa diplomatie, ses forces de terre et de mer, et le concours que lui apportèrent ses volontaires.

C'est donc à sa propre imprévoyance et à son avidité que l'Angleterre doit attribuer la perte de l'Amérique ; elle la posséderait encore aujourd'hui, si elle n'avait pas abusé de la situation que lui firent les victoires qu'elle remporta durant la guerre de Sept ans.

Napoléon Ier, en tombant sous les coups des Anglais, disait à Sainte-Hélène : « Je les entraînerai dans ma chute. » Il leur avait fait contracter 25 milliards de dettes, et il est à remarquer que c'est surtout depuis Napoléon Ier que l'Europe est devenue française.

VII

Sous le pontificat de Pie IX, les pieux établissements français existant déjà à Rome prirent un développement et des proportions remarquables, une trentaine de monastères nouveaux, tant d'hommes que de femmes, furent créés par nos nationaux ; toutes nos œuvres catholiques enfin, entrèrent dans une période de véritable épanouissement.

De temps immémorial, les couvents de Rome donnèrent asile à des Français. Pour ne citer que quelques noms, nous trouvons, au siècle dernier, le père Chérubin de Noves, qui fut pendant de longues années procureur général de la Mission des capucins, et dont le nom se trouve dans quelques-unes des bulles de cette époque ; le père Barrin, augustin qui se distingua comme qualificateur du saint office ; le père Brémond, général des dominicains ; Massoulié, théologien et fondateur de la bibliothèque Casanate ; plusieurs jésuites de grande distinction, notamment les révérends pères Rozaven, assistant de France, de Villefort, secrétaire général de la Compagnie, et de Bouchod, supérieur de la section des Ospiti au collège des Nobles. Le couvent de la Trinité des Monts, fondé par Louis XIII en actions de grâces de la naissance de Louis XIV, était occupé par des minimes français. Le dernier moine mourut en 1825. Trois ans après, la maison fut cédée aux dames du Sacré-Cœur par bail emphytéotique de quatre-vingt-dix-neuf ans. L'ancienne bibliothèque des religieux, qui renferme de très bons livres de théologie et d'histoire ecclésiastique, resta d'abord aux mains des nouvelles locataires. En 1854, le supérieur du séminaire français fondé depuis peu à *Santa Chiara* obtint de l'ambassade l'autorisation de prendre une partie de ces ouvrages.

La première colonie de frères des Écoles chrétiennes fut envoyée à Rome en 1719 par le fondateur lui-même, le bienheureux J.-B. de la Salle. Pie VI établit pendant son pontificat plusieurs maisons de leur ordre, tant dans la ville que dans les États pontificaux.

Avant 1775, alors que le frère Florence était supérieur général, l'institut avait deux établissements importants à Rome et à Ferrare. Six ans plus tard, un nouveau supérieur général, le frère Agathon, remercie le pape de l'intérêt qu'il porte aux frères des Écoles chrétiennes et réclame de nouveau pour eux sa puissante protection :

« Daignez continuer, écrit-il, vos bontés, votre bienveillance à un institut encore faible, encore dans l'enfance. Daignez surtout la continuer à nos frères de Rome et de Ferrare. Leur désir et le nôtre sont de nous en rendre dignes par notre zèle à former de bons sujets à l'Église et à l'État... » (10 décembre 1781.)

En 1846, on comptait à Rome une vingtaine de frères de la Doctrine chrétienne.

Saint-Denis, dans la rue des Quatre-Fontaines, est un de nos plus anciens établissements. Une colonie de religieuses de Notre-Dame y fut appelée en 1835. Leur fondatrice est la vénérable Jeanne de Lestonnac, dont la cause de béatification introduite en cour de Rome a fait quelques progrès, tant sous le pontificat de Grégoire XVI que sous celui de Pie IX.

La première maison du Bon-Pasteur d'Angers fut établie en 1838, dans le monastère de Sainte-Croix, à la *Longara*. C'est là qu'on mettait et qu'on met encore les détenues par ordre, soit du saint office, soit du cardinal-vicaire. Nous nous souvenons qu'on y interna, pour expier leurs fautes, la trop célèbre fondatrice de la communauté de Saint-Ambroise de Rome, et la visionnaire Catarinella qui prophétisait à Sezze.

Maria-Agnese Firrau, fondatrice de la communauté de

Saint-Ambroise, connue sous le titre de *réforme du tiers ordre de Saint-François*, reçut un jour la visite de la vénérable Anna-Maria Taïgi, qui savait, par révélation, que la fondatrice n'avait qu'une fausse sainteté. Espérant peut-être la convertir, elle voulut lui dévoiler l'état de son âme ; mais Maria-Agnese Firrau ne se présenta pas seule au parloir et éluda toutes les questions qui auraient pu, en présence de témoins, la convaincre de fourberie et de mauvaise foi. Anna-Maria Taïgi tenta une seconde visite, mais elle ne fut pas reçue. Peu de temps après, le saint office condamnait la prétendue fondatrice à la prison perpétuelle, sous l'inculpation de fausse prophétesse, et parce qu'elle simulait des extases et feignait d'opérer des miracles. Ses compagnes néanmoins continuèrent à la considérer comme une sainte, et à réciter publiquement des prières en son honneur. Une novice allemande, parente du cardinal Hohenlohe, ayant dénoncé le fait, Pie IX supprima la communauté. Les soi-disant religieuses furent dispersées, et conduites deux à la fois dans d'autres monastères ; puis leur maison fut confiée aux bénédictins de la réforme de Subiaco. Quant aux deux ecclésiastiques, confesseurs, on leur fit un gros grief d'avoir toléré des abus qu'ils ne pouvaient avoir ignorés, encore qu'ils ne fussent pas complices, et finalement on les frappa d'une suspense perpétuelle.

Le second fait contemporain de la fondation de l'institut du Bon-Pasteur est celui qui rappelle le nom, tristement célèbre, d'une personne séculière, Catarinella da Sezze. Catarinella prétendait avoir des révélations sur le sort des âmes des défunts. En peu de temps, elle acquit une réputation usurpée, que la naïveté humaine permet à peine d'expliquer, au point que de toute part on allait la consulter. On assure que ses confesseurs, deux moines de l'observance de Saint-François, trempèrent dans la supercherie en avertissant la fausse visionnaire des détails qu'ils pouvaient savoir en interrogeant les pèlerins. Mgr Estrade, chanoine de Toulouse et postulateur de la cause de sainte Germaine Cousin, alla, lui aussi, à Sezze, pour consulter Catarinella sur le sort qu'avait subi l'âme de Mgr d'Astross, mort archevêque de Toulouse peu de temps auparavant. Catarinella déclara à Mgr Estrade que l'archevêque avait rudement expié en purgatoire ses opinions gallicanes. Ce qu'entendant, Mgr Estrade demeura tout interdit. Bientôt on ne parla plus dans Rome que des révélations de Catarinella. Toutefois, l'enthousiasme ne tarda pas à baisser quand on sut que le saint office condamnait la visionnaire à dix ans de réclusion *per affettata santità* et qu'elle avait commencé à purger sa peine au couvent du Bon-Pasteur. Des circonstances atténuantes la firent échapper à la prison perpétuelle ; mais deux confesseurs, ses complices, furent suspendus *a divinis* pour le reste de leur vie.

Au commencement de 1847, on vit arriver à Rome deux Françaises qui portaient l'habit religieux. Elles prirent un logement dans le *vicolo della gatta*. Toutes deux se donnèrent pour parentes de M. Thiers, et originaires du département de Vaucluse. Bientôt le bruit se répandit que l'une d'elles faisait des miracles : un ange descendait du ciel pour lui donner la communion. Chaque matin, grande était la foule des curieux qui allaient voir ce prodige, ou plutôt assister à ce spectacle, car la soi-disant religieuse se donnait en spectacle. A genoux dans une position extatique, elle attendait le moment où l'ange lui apparaissait, à elle seule. Alors elle ouvrait la bouche et l'on voyait, déposée par une main mystérieuse et invisible, quelque chose qui avait, en effet, l'apparence d'une hostie. Mais de quelques précautions que s'entoure la supercherie, tôt ou tard elle se fait prendre dans ses propres filets. Nos deux thaumaturges de commande finirent par montrer le bout de l'oreille ; on les renvoya en France.

J'ai souvenir qu'à la même époque, une pauvre hystérique se disait favorisée de grâces extraordinaires. Le Saint-Esprit se manifestait à elle — si l'on en croit son récit — sous la forme d'une colombe. Il ne manqua pas de gens, amateurs de nouveauté, qui allèrent la voir pour être témoins du prodige. On dit même que des personnages de la haute prélature voulurent dire la messe dans la chambre de la voyante. On fit une enquête sur elle auprès du curé de sa paroisse, et quelle ne fut pas la surprise générale quand on sut que c'était une ancienne cantinière des troupes de Garibaldi. Cette révélation dispensa de poursuivre plus loin l'enquête.

En 1840, une nouvelle maison du Bon-Pasteur s'élevait à Rome pour recevoir des orphelines et des pénitentes. L'église et les autres bâtiments furent construits par une société de dames romaines présidées par la princesse Doria. Le comité se mit sous le patronage de Notre-Dame de Lorette, ce qui fit que la communauté du Bon-Pasteur reçut le titre de *Lauretana.* Elle est située dans la grande rue qui va du Colisée à Saint-Jean de Latran. La duchesse Torlonia fut une des principales bienfaitrices de la communauté. Plus tard, la princesse de Compagnano, aujourd'hui princesse Chigi, belle-sœur de l'ancien nonce de Paris, aida de ses libéralités cette pieuse institution. Depuis lors, elle a prospéré et s'est agrandie au point de pouvoir donner asile aujourd'hui à deux cents personnes environ.

Les filles de la Charité, de Paris, ne sont venues à Rome qu'en 1850, appelées par la princesse Torlonia qui leur confia le grand orphelinat de Saint-Onuphre. D'autres maisons ont été fondées dans la suite, en sorte que l'institut de Paris compte actuellement une dizaine de maisons dans la ville éternelle.

Longtemps avant l'arrivée de ces religieuses, on y voyait établies les sœurs de la Charité de Besançon, fondées par Anthide Touret, confirmées solennellement par une bulle de Pie VII, en date de 1818. La maison mère des sœurs de Besançon exista longtemps à Naples ; elle est maintenant à Rome, à la montée de Sainte-Sabine, *via Bocca della Verità.* C'est l'ancienne villa Holtz, que le consul suisse avait vendue à des religieuses de Tournay, qui vivaient en communauté sous la direction d'une certaine *mère Sophie.*

Cette mère Sophie arriva un jour avec trois ou quatre religieuses de Saint-André de Tournay et s'installa à Rome sans demander au pape aucune permission, ni pour le temporel, ni pour le spirituel. Pie IX envoya aux informations, mais la mère Sophie lui fit répondre qu'elle était citoyenne belge, et qu'en cette qualité elle revendiquait pour elle et ses sœurs

pleine et entière liberté de faire ce que bon lui semblerait.
Cette réponse n'était rien moins qu'impertinente ; mais le pape
ne se hâta pas de prendre une détermination. Pendant un
mois, il se contenta de demander à tous les étrangers qu'il recevait : « *Conoscete la cosi detta madre Sofia?* Connaissez-
vous la prétendue mère Sophie ? Si elle n'était pas folle, elle
mériterait une rigoureuse pénitence. » Leurs constitutions
furent examinées par la Sacrée Congrégation des Évêques et
Réguliers qui y fit les changements qu'elle jugea nécessaires.
La supérieure refusa d'en accepter aucun, disant qu'ils n'é-
taient pas en conformité avec les lumières qu'elle avait reçu
d'en haut. Elle voulait garder pour son propre compte, afin
d'y établir un institut indépendant, la villa Holtz, qu'elle avait
achetée au nom et avec les deniers de la maison de Tournay.
Un procès eut lieu, au cours duquel il fut établi, pièces en
main, que ladite villa était la propriété de la communauté de
Tournay. La mère Sophie et ses novices durent abandonner
les lieux, mais elles ne le firent pas de bon gré. On dut recou-
rir aux carabiniers pour procéder à l'expulsion. Les novices,
exaspérées comme des furies, furent conduites à la Trinité des
Monts et l'on chargea le père Passaglia, qui n'avait pas encore
quitté la docte compagnie, de les ramener, s'il était possible,
à de meilleurs sentiments. La mère Sophie et ses novices re-
gagnèrent la Belgique, et la maison fut cédée aux sœurs de
Charité d'Anthide Touret.

Lorsque je me rendis en Angleterre pour assister au concile
provincial de Westminster, l'évêque de Southwark m'interrogea sur le compte de la mère Sophie de Tournay, qui lui demandait l'autorisation de fonder une communauté dans son
diocèse. Je racontai au prélat ce qui s'était passé à Rome, et
celui-ci, suffisamment édifié sur le compte de la mère Sophie,
l'invita, elle et ses religieuses, à rester en Belgique.

Les sœurs de Saint-Joseph de Lyon vinrent à Rome dans
les dernières années du pontificat de Grégoire XVI. Cet institut prit rapidement des développements considérables, au
point qu'il ne fut bientôt plus matériellement possible à la
maison mère de diriger convenablement toutes les commu-

nautés du même ordre. Un certain nombre de maisons devinrent indépendantes et élurent une supérieure générale. C'est ainsi que prirent naissance les sœurs de Saint-Joseph de Chambéry, celles de Bourg-en-Bresse, celles de Marie-Joseph de Limoges, et d'autres encore. Il existe actuellement douze généralats distincts qui dirigent les soixante mille sœurs de l'institut primitif de Saint-Joseph de Lyon. En 1844, une congrégation particulière de cardinaux, réunie par Grégoire XVI, décida que les sœurs de Saint-Joseph habitant l'Italie devaient être dégagées de tout lien avec la supérieure générale de Lyon, pour être soumises à plusieurs générales de la nationalité qu'elles habitaient. Les cardinaux se ravisèrent et crurent que, pour prévenir tout conflit de juridiction entre les évêques, mieux valait créer une congrégation distincte dans chaque diocèse avec un noviciat spécial, pourvu toutefois qu'il y eût un nombre suffisant de sujets.

Les sœurs de Saint-Joseph de Chambéry ont fondé récemment une immense maison à Rome, à l'extrémité de la rue de Saint-Nicolas de Tolentino. Le couvent magnifique peut donner asile à deux cents personnes ; il comprend deux vastes *loggie* couvertes pour permettre aux pensionnaires de prendre de l'exercice les jours où il pleut.

La famille Borghèse voulant fonder une école pour les jeunes filles dans son propre palais, appela les sœurs de la Providence de Porcieux, dans le diocèse de Saint-Dié. Les sœurs de la Providence ne conservèrent pas longtemps ce poste, mais en le quittant, elles n'abandonnèrent pas Rome où elles s'étaient fait avantageusement connaître des familles qui leur avaient confié l'éducation de leurs enfants. Elles ouvrirent des classes dans le palais Giustiniani, sur la place de Saint-Louis des Français. Elles sont aujourd'hui *piazza Fiammetta*.

Au moment où les sœurs de la Providence de Porcieux quittaient le palais Borghèse, elles étaient remplacées par les religieuses de la Croix de Saint-André, dont la maison mère est à la Puye, au diocèse de Poitiers. Leur fondateur, le vénérable André Hubert Fournet, mort en 1834, est en voie de canonisation.

La première idée de l'école Borghèse fut suggérée par la princesse Gwendellina, qui est morte il y a peu de temps en réputation de sainteté. Le vénérable Palotti, lui aussi en voie de canonisation, a composé et publié à Rome, en 1840, la vie de la princesse Gwendellina.

Cette femme, d'une admirable charité, quittait les soirées mondaines et les divertissements du théâtre pour aller secourir et visiter les pauvres et les malades dans leurs tristes réduits. Elle mourut fort jeune ; toute la ville la pleura. Ses obsèques furent magnifiques et sa dépouille mortelle fut déposée dans le tombeau de famille, dans la crypte d'une des chapelles latérales de Sainte-Marie Majeure.

A cette époque arriva un fait merveilleux qui se répandit dans tout Rome et ne contribua pas peu à augmenter la vénération envers l'illustre défunte. Une pauvre veuve chargée d'une nombreuse famille avait tout perdu en perdant la jeune princesse. A bout de ressources et ne sachant où s'adresser afin d'avoir un morceau de pain pour elle et ses enfants, elle va pleurer sur le tombeau de sa bienfaitrice. Longue et fervente fut sa prière ; depuis longtemps, en effet, le soleil s'était couché derrière la coupole de Saint-Pierre, et avait abandonné les rivages d'Ostie, qu'elle était toujours à genoux sur les dalles de marbre qui recouvrent la froide dépouille. Un des *bussolante* l'invita à sortir à l'heure de l'*Ave Maria*, lorsque la nuit enveloppait déjà, des premières ombres brumeuses particulières à Rome, la basilique libérienne. Réconfortée par un secret pressentiment qu'elle était exaucée, elle quitte le vénérable sanctuaire et rencontre sur le seuil une femme enveloppée d'amples vêtements, qui lui remet un anneau en lui disant : « Ne pleurez pas, voici du pain pour vous et pour vos enfants. » Cette voix n'était pas inconnue ; bien des fois elle avait agréablement sonné aux oreilles de la pauvre veuve, qui n'osait croire à la réalité. N'était-ce pas plutôt une aberration de ses sens, affaiblis par une trop longue abstinence et des privations excessives ? Les morts sortent-ils donc de leur tombeau pour continuer les œuvres de charité qu'ils aimaient tant à faire pendant leur vie ?

La bienfaitrice avait disparu, s'évaporant, pour ainsi dire, à la faveur du crépuscule, et la pauvresse était là, debout, sous le charme d'une émotion facile à comprendre. Aisément, elle se serait crue le jouet d'une illusion, n'avait été l'anneau qu'elle avait dans la main. Revenue de la surprise qui l'avait un moment clouée au sol, lui enlevant l'usage de la parole pour témoigner sa reconnaissance, elle entra chez le premier joaillier qu'elle rencontra. Le hasard, ou plutôt la Providence, permit que ce fut chez ce même joaillier qui, peu d'années auparavant, avait vendu le bijou au prince Borghèse. Il le reconnut, et comme il savait que la princesse avait été inhumée avec lui, il crut à une violation de sépulture et fit arrêter la veuve. Le prince, prévenu, demeura interdit et anxieux. Sur-le-champ, il commanda qu'on ouvrit le tombeau. Aucun sceau n'avait été brisé et le cercueil était intact ; l'anneau seul avait mystérieusement disparu. En présence d'un prodige qui témoignait de l'amour de la charité dont la princesse avait donné tant de preuves pendant sa vie, et dont la plus éclatante était posthume, il racheta l'anneau et le paya si généreusement, que la veuve romaine fut pour longtemps à l'abri des atteintes de la misère.

Gwendellina, d'origine anglaise, était sœur de la princesse Doria, et fille de lord Talbot de Schrewsbury, un catholique fervent, qui fit construire un chemin de fer dans ses domaines pour permettre à ses nombreux fermiers de se rendre à la messe chaque dimanche.

Le prince Borghèse épousa en secondes noces la duchesse de la Rochefoucauld. La mère du prince était elle-même de la famille de la Rochefoucauld. Elle avait été la seconde femme de ce Borghèse dont la première épouse fut la fameuse Pauline Bonaparte, sœur de Napoléon.

Les Borghèse, suivant cet exemple, se sont tous mariés à l'étranger : Aldobrandini, cadet de la famille, a pris, en Belgique, la princesse d'Aremberg ; le troisième, Salviati, s'est marié dans la famille des Fitz-James. On a dit que ces alliances étrangères étaient nécessitées par le besoin de mettre ordre à un état financier très obéré. Le droit d'aînesse, en effet, avait pour résultat de remettre tout le patrimoine aux mains des aînés ; les princesses romaines ne recevaient qu'une dot insuffisante, et les cadets une pension viagère souvent ridicule. La situation des princesses romaines était parfois si précaire qu'on fonda des communautés pour leur donner asile avant le mariage, entre autres le monastère de Tor di Specchi et celui de Notre-Dame des Sept-Douleurs, sur le Janicule.

L'Angleterre admet le principe du droit d'aînesse, mais le pratique autrement qu'à Rome, car l'aîné n'hérite que des biens-fonds, en dehors desquels le chef de famille possède ordinairement des titres mobiliers, des actions, des obligations, des fonds d'État, avec lesquels il peut doter ses autres enfants. C'est ainsi que les deux filles de lord Schrewsbury, mariées à Rome, l'une au prince Doria, l'autre au prince Borghèse, apportèrent chacune un million de dot. Lord Schrewsbury étant mort sans enfant mâle, c'est un parent éloigné qui lui a succédé aux immeubles et aux titres nobiliaires.

Le prince Odescalchi, le prince Gaetani et d'autres se sont également mariés à l'étranger. Le prince Gaetani avait une grosse hypothèque qui grevait ses biens depuis le pontificat de Sixte-Quint. Voici quelle en fut la cause. Lorsque le pape envoya en France le cardinal Gaetani avec le titre de légat, il lui recommanda de ne verser aucun argent aux ligueurs. Malgré cette injonction formelle, le légat, témoin de l'extrême misère où se trouvaient les Parisiens assiégés par Henri IV, leur avança 50 000 écus, forte somme pour l'époque. Sixte-Quint se montra inflexible. Il refusa de confirmer le prêt fait par le cardinal-légat, et l'obligea à rembourser cette somme en la prenant sur ses biens patrimoniaux. Il lui fallut subir une hypothèque qui durait toujours et n'a été purgée que récemment, grâce à la dot de la riche Polonaise épousée par le prince Gaetani.

Une chose analogue arriva au prince Odescalchi. Son patrimoine familial était obéré au point qu'il avait vendu le beau duché de Bracciano au duc de Torlonia, avec pacte de rachat dans un délai déterminé. L'époque fatale approchait, et déjà le duc de Torlonia se réjouissait de devenir duc de Bracciano ;

mais la princesse Branicka, mère de la princesse Odescalchi, surveillait l'échéance. Elle vint de Vilna à Rome en cinq jours et arriva à temps pour payer la somme due, qu'elle voulut acquitter en or. La princesse Odescalchi, tante de l'ancien nonce de France, Mgr Czaski, est bien connue dans la société parisienne, où elle a fait bonne figure. Ses salons étaient fréquentés par le meilleur monde. Aussi riche qu'elle était bienfaisante, aucune œuvre digne d'intérêt n'a fait en vain appel à sa générosité. Elle a particulièrement beaucoup aidé la réforme dominicaine des pères Jandel et Besson.

Parmi les causes qui ont contribué à l'appauvrissement des princes romains, il en est une importante qui mérite d'être signalée. Je veux parler des œuvres pies créées par leurs ancêtres qui en mourant leur en ont laissé la charge. Ainsi la famille Borghèse est obligée d'entretenir la chapelle de la Sainte-Vierge (1), et de subventionner les chapelains qui y sont attachés. La famille Doria pourvoit au traitement des chapelains de l'église de Sainte-Agnès, sur la place Navone, et de tout un chapitre de chanoines à Saint-Martin, près de Viterbe. L'aïeule du prince actuellement vivant — de la famille de Carignan, aujourd'hui régnante en Italie — fonda à Valmontone, un noviciat de sœurs pour les écoles de filles de tous ses domaines. Il y a peu d'années, le chevalier Doria, le cadet de la famille qui toute sa vie a vécu de privations, a laissé en mourant une somme de 400 000 francs pour créer à Rome un hopital d'incurables. Comme le testament prescrivait de capitaliser la somme jusqu'à ce qu'on eût atteint 500 000 francs, l'ouverture aurait été différée pour longtemps, n'avait été la générosité de son neveu qui ajouta les 100 000 francs nécessaires. L'hôpital ne tarda pas à être ouvert. Il est placé sur les bords du Tibre, près de Saint-Michel, et les religieuses de Saint-Vincent de Paul de Paris en ont la direction.

Outre ces charges que je viens d'énumérer, il en est encore une autre qu'il convient de mentionner. Chaque grande famille romaine a une charge prélatice, c'est-à-dire une rente an-

(1) Probablement à Sainte-Marie Majeure. Mgr Chaillot ne l'a point indiqué.

nuelle affectée au prélat ou au cardinal de la famille. Si le poste est vacant, on capitalise la rente pour augmenter le revenu. Les biens ne sont jamais distraits du patrimoine princier et l'on ne peut ni détourner les revenus, ni leur donner une autre destination. Il est triste, hélas ! d'avouer que les prélatures princières sont depuis longtemps vacantes, faute de sujets ecclésiastiques sortis de ces familles. Les Corsini, les Colonna, les Rospigliosi, les Pallavicini, les Doria, les Barberini, les Altieri, les Borghèse... ne donnent plus aucun enfant à l'Église. Le prince Borghèse, mort il y a deux ans, a eu neuf enfants; aucun d'eux ne s'est consacré à Dieu !

Quand le cadet des enfants Chigi, garde noble jusqu'à l'âge de trente-cinq ans, annonça son intention d'entrer dans la cléricature, sa décision fut un véritable événement. On le confia à un professeur particulier et six mois après, on l'ordonnait prêtre. L'année suivante, il était sacré archevêque *in partibus* et nommé internonce à Munich. Lui-même ne se reconnaissait pas sous son nouveau costume et avec sa nouvelle dignité ; il croyait à un rêve. De Munich, on l'envoya nonce à Paris où l'empereur Napoléon III l'avait nommément demandé. On est loin d'avoir oublié sa courtoisie, sa complaisance, et la bienveillante diligence qu'il apportait dans l'expédition des affaires ecclésiastiques. Rappelé à Rome, il a été créé cardinal, conformément à l'usage qui veut que les quatre nonciatures de Vienne, Madrid, Lisbonne et Paris soient cardinalices, c'est-à-dire valent le chapeau à la sortie de charge de ceux qui les occupent. Chigi est mort il y a quatre ans. Cette désertion de la carrière ecclésiastique par le patriciat trouve un écho dans les classes inférieures ; aussi ne remarque-t-on presque aucun Romain parmi les dignitaires des ordres religieux, et même un très petit nombre de vocations dans la bourgeoisie. Nous savons pourtant une exception dans la personne du cardinal Franchi, le premier secrétaire d'État de Léon XIII. Franchi était le fils d'un notaire de Rome.

La prélature est composée de sujets qui viennent de la Suceria, de Veroli, de Carpinetto, de Subiaco, de Palestrina, de Ceccano, patrie de la famille Berardi, de Sonino, patrie du cardinal Antonelli. Les quelques sujets romains qui existent aujourd'hui se plaignent, à tort ou à raison, d'être délaissés. Ils disent même qu'on les a écartés systématiquement des postes d'honneur. Leur plainte est-elle justifiée ? D'aucuns diraient : *Chi lo sa ?* Pour nous, nous sommes fondés à croire que le vrai mérite finit toujours par percer, où qu'il soit, et que l'intrigue ne parvient que rarement à entraver son essor, si tant est qu'elle le puisse retarder.

Cette revue du patriciat romain me rappelle le nom du duc Braschi, l'arrière-neveu du pape Pie VI. Comme conséquence sans doute des événements de la fin du siècle dernier, Braschi se trouva en partie ruiné, au point qu'il résolut de mettre en loterie le splendide palais que lui avait fait construire son oncle sur la place de Navone. Il créa deux millions de billets à un franc, mais le public ne répondit pas à son appel. Le duc songea alors à faire un riche mariage pour sauver sa situation. L'avocat Cecconi fut chargé des recherches. Il écrivit à Paris et en Amérique et finit par trouver l'héritière d'une fortune de douze millions. Elle n'avait qu'un défaut, mais un défaut capital : elle était négresse. Braschi ne crut pas possible de la faire accepter par la noblesse romaine. Les choses en étaient à ce point lorsque Silvestrelli acheta le palais de la place Navone, qu'il revendit peu après au gouvernement pour en faire le ministère de l'intérieur. L'escalier intérieur passe pour le plus bel escalier du monde, et vaut à lui seul deux millions !

Ce palais, qu'on dit un des plus grands « péchés de *pierre* » qui ait été commis, avait mérité une grande expiation dans l'autre vie à Pie VI qui l'avait fait construire. Le bienheureux Carlo da Sezze assura que la Providence permit la déportation et la mort en exil comme commutation de peine.

Je vous ai dit précédemment, en vous racontant la fuite du pape à Gaëte, qu'un certain colonel de gendarmerie nommé Allaï fut accusé d'avoir trempé dans une prétendue conspiration contre la politique de Pie IX. Après avoir subi deux années de prison préventive, il fut relâché en juillet 1849 lorsque son innocence eut été reconnue, c'est-à-dire quand on eut découvert que cette conspiration n'avait jamais existé que dans l'imagination d'hallucinés ou d'imposteurs. Le jour même de sa libération, Allaï entra dans un café et lut dans un journal qui lui tomba sous la main l'allocution consistoriale prononcée par le pontife, allocution dans laquelle il nie la prétendue conspiration autrichienne. — « J'étais donc innocent, se dit Allaï, le pape lui-même en convient. » Et sans plus tarder, il prit la route de Naples et se rendit à Portici où le souverain pontife venait d'arriver après avoir quitté Gaëte. Il sollicita une audience et l'obtint, mais il ne put obtenir les secours pécuniaires dont il avait besoin à cause de l'état précaire où se trouvait encore le gouvernement pontifical.

Allaï était entré dans la gendarmerie pontificale en 1820. Son plus bel exploit avait été la capture du fameux brigand Gasparone, la terreur de Sonino et de toute la province de Frosinone. Gasparone eut la vie sauve. Il était détenu à Civita-Vecchia, et lorsque arrivait quelque touriste anglais, il ne manquait pas d'aller visiter ce fameux brigand, le plus fier et le plus indomptable qu'on eût jamais vu. Gasparone est mort il y a peu d'années.

Peu après le retour de Gaëte, Allaï fut admis à la retraite. Pie IX le fit venir un jour, lui parla de certains brigandages qui s'exerçaient dans les Romagnes, et le pria de se mettre à la tête des colonnes mobiles qu'il formerait préalablement pour réprimer les bandits.

« Mais, objecta Allaï, Votre Sainteté oublie peut-être que je suis à la retraite.

— Bah ! lui dit le pape, il n'est point de retraite pour un bon et loyal serviteur, et quand le besoin de ses services se fait urgent. »

Le pontife lui recommanda, en le congédiant, de lui écrire deux fois la semaine des lettres privées sur les agissements de tous les fonctionnaires de la Romagne, civils, militaires et même ecclésiastiques.

Dix ans plus tard, nous trouvons Allaï à Pesaro, son pays natal, où il s'était retiré après avoir pris sa retraite pour la seconde fois. Bientôt il revint à Rome, ne pouvant s'habituer à vivre sous le régime des Piémontais. Il me raconta bien des fois les événements qui s'étaient passés à Bologne, pendant qu'il y était chargé par Pie IX [d'une mission de police secrète.

« Il est clair pour moi, disait-il, que certains personnages du gouvernement pontifical ont voulu sciemment perdre les Légations et les livrer à l'ennemi. »

« Je reproduis son récit aussi fidèlement que possible et sous toute réserve, à cause de la gravité des allégations qu'il contient.

Au commencement de juin 1859, pendant que l'armée franco-italienne était aux prises avec les Autrichiens, Allaï reçut à Pesaro un télégramme du cardinal Antonelli, l'appelant à Rome sans le moindre retard. Après avoir pris deux fois sa retraite, il se demandait avec anxiété ce que pouvait bien lui vouloir le cardinal. Mais sujet dévoué, habitué à une obéissance passive, il se mit en route sans retard, et deux jours après il se présentait au Vatican.

« Que je vous suis reconnaissant de votre prompte soumission, lui dit Antonelli ; nous avons un extrême besoin de vos services. Dans les circonstances difficiles que nous traversons, vous seul pouvez prendre le commandement de la gendarmerie de Bologne fort menacée par les révolutionnaires. C'est le marquis Pepoli, le parent de Napoléon III, qui est à la tête de la conspiration. »

A cette ouverture, Allaï répondit :

« Votre Éminence oublie peut-être que je ne suis plus, depuis longtemps, en activité de service : j'ai déjà pris ma retraite à deux reprises différentes, je ne puis accepter le commandement de la gendarmerie de Bologne.

— Vous aimez trop le gouvernement pontifical, objecta Antonelli, pour lui refuser le service qu'il vous demande ; allez d'ailleurs voir le saint père, il vous tiendra le même langage que moi. »

En quittant le cardinal, Allaï se rendit chez le pape qui le reçut sur-le-champ. Pie IX exprima au colonel le bonheur qu'il avait de le revoir.

« Nous avons grand besoin de vous, lui dit-il, vous seul pouvez sauver la ville de Bologne et les Légations. »

Et de nouveau, Allaï répondit par un refus, déclarant qu'il lui était impossible de prendre le commandement de la gendarmerie de Bologne. Pie IX, en le congédiant, l'envoya voir Mgr Berardi. Le substitut du secrétaire d'État redoubla d'instances, mais ce fut en vain. Pendant huit jours, le colonel en retraite allait du pape au secrétaire d'État, et de ce dernier au substitut. Antonelli perdait patience.

« Je ne soupçonne pas, lui disait-il, les raisons qui vous poussent à refuser de prendre le commandement de la gendarmerie de Bologne.

— Que voulez-vous que j'y aille faire? reprit Allaï. La révolution est prête ; le marquis Pepoli a pris toutes les dispositions nécessaires pour assurer le succès. Comment l'arrêter avec quatre-vingts gendarmes. Ah! si j'avais autorité pour mander les huit cents gendarmes qui sont dans les Légations ; si le camp de la Cattolica était placé sous mes ordres ; s'il m'était permis de faire marcher sur Bologne l'infanterie et la cavalerie réunies dans ce camp, les choses alors pourraient peut-être changer d'aspect et la ville serait conservée.

— Que ne le disiez-vous plus tôt, s'exclama Antonelli, nous n'aurions pas ainsi perdu un temps précieux à discuter. Vous avez tout pouvoir pour appeler à Bologne les troupes que vous voudrez. Partez par le courrier de ce soir, je vous promets expressément que ce même courrier emportera une circulaire enjoignant aux chefs de corps d'obtempérer à vos demandes. »

Ne pouvant en croire ses oreilles, Allaï fit répéter la chose cinq ou six fois, et chaque fois les assurances furent plus nettes et plus formelles. Il n'était pas possible, en face de pareilles affirmations, de suspecter la bonne foi du secrétaire d'État ; le soir même Allaï partait pour Bologne. Mais qui incriminer d'Antonelli ou du courrier? La circulaire promise ne fut pas envoyée, ou si elle le fut, on la tint pour nulle et non avenue. Je m'abstiens, bien entendu, de tout jugement, laissant au narrateur la responsabilité de ses graves affirmations. Un jour peut-être, l'histoire éclairera d'un meilleur jour des événements trop récents encore pour être complètement dévoilés.

Allaï néanmoins ne quitta pas son poste de Bologne ; il vit, impuissant, continuer les préparatifs de la révolution. Les jours lui semblaient des siècles, et toujours la fameuse circulaire n'apparaissait pas. Il reçut enfin un billet de Pepoli, l'invitant à se présenter à la maison commune pour conférer ensemble sur la situation. Allaï trouva la maison commune occupée par les révolutionnaires qui en remplissaient jusqu'aux escaliers. Pepoli, entouré des membres du gouvernement provisoire, prit la parole.

« Colonel, lui dit-il, j'ai cru devoir conférer avec vous afin de prévenir toute effusion de sang, désormais inutile. Vous pouvez constater vous-même que la révolution est faite et que nous sommes maîtres absolus de la situation. Que feraient pour s'y opposer les quatre-vingts gendarmes dont vous disposez ?

— Vous avez raison, marquis, répondit Allaï. Je vous déclare toutefois que si nous sommes insultés ou maltraités, nous vendrons chèrement notre vie. Nous sommes disposés à nous faire tuer jusqu'au dernier. Impossible à moi de vous livrer la ville. Il y a ici un légat pontifical dont je dois prendre, tout d'abord, les instructions. »

Arrivé au palais des légations, Allaï trouva le cardinal Nolesi faisant ses préparatifs pour partir. C'est ainsi qu'en 1859, le saint-siège perdit les quatre Légations, et cette perte prépara celle de tout l'État pontifical qui eut lieu l'année suivante.

Ne voulant pas rester plus longtemps dans une ville transfuge, Allaï revint à Rome où il prit sa retraite pour la troisième fois. Il y est mort en 1870, laissant ses modestes économies à de pauvres religieuses que l'invasion avait réduites à la misère, « *alle povere monache di cui parla l'*Osservatore Romano ».

VIII

Les camériers participants nationaux : Mᵍʳ Hohenlohe, Mᵍʳ Talbot de Malahide, Mᵍʳ Ricci, Mᵍʳ de Mérode. — Histoire de ce dernier. — Ses œuvres :
l'école d'agriculture de la Vigna Pia, le séminaire français de l'Institut de
Sainte-Croix du Mans, qui a précédé celui des Pères du Saint-Esprit. —
Le premier séminaire français à Rome de M. l'abbé de Geslin ; le pénitencier
de Sainte-Balbine. — Réformes dans les prisons de femmes. — L'expédition
de Marsala. — Lamoricière, généralissime de l'armée pontificale. — Convention passée entre François II et Lamoricière. — Affaire Berardi. — Attitude de Napoléon III. — Castelfidardo. — Reddition de Spolète et d'Ancône.
— Disgrâce de Mᵍʳ de Mérode. — Mᵍʳ Pie le fait rentrer en faveur. — Les
cardinaux nationaux résidants : de Villecour et Reisach. — Un Polonais
transfuge de la franc-maçonnerie. — L'éminentissime Pitra et Dom Guéranger. — Conciles de France. — Une leçon de droit canon.

Deux institutions nouvelles signalèrent le retour de Pie IX
à Rome, après l'exil de Gaëte : les cardinaux nationaux résidants et les camériers participants nationaux. Avant de parler
des cardinaux nationaux, je dirai quels furent les camériers
participants.

Les camériers participants, au nombre de quatre, avaient
été exclusivement choisis jusque-là dans le clergé italien.
Comme la restauration du gouvernement pontifical avait été
l'œuvre des nations catholiques, Pie IX, pour leur témoigner
sa reconnaissance, résolut de prendre ses camériers chez elles.

Mᵍʳ Hohenlohe, Bavarois de naissance, fut choisi pour représenter l'Autriche dont les troupes occupaient encore les Légations ; peut-être — et c'est une simple remarque que je me
permets de faire — eût-il mieux valu prendre un Autrichien
qu'un Bavarois. L'Angleterre catholique fut représentée par
Mᵍʳ Talbot de Malahide ; Mᵍʳ Ricci représenta l'Italie. Quant à
l'Espagne, qui cependant avait envoyé une expédition à Fiumicino, elle fut oubliée dans cette circonstance et n'eut point
part aux faveurs pontificales. La France, enfin, eut pour la
représenter Mᵍʳ de Mérode. Quoique Belge d'origine, beaucoup de liens l'attachaient à la France. Il était le beau-frère de
Montalembert et avait sur notre sol d'importantes propriétés.

L'institution des quatre camériers nationaux ne fut pas de
longue durée. Mᵍʳ Ricci, le premier, laissa son poste. Nommé

peu après majordome des sacrés palais, il ne tarda pas à recevoir la pourpre. Quelques années plus tard, Mgr Hohenlohe était désigné comme aumônier de Sa Sainteté ; en 1866, on le créait cardinal. Quant à Mgr Talbot, il n'avait qu'une seule ambition, celle de ne jamais quitter Pie IX, au service duquel il s'était voué corps et âme. Plusieurs fois, les postes les plus enviables lui furent offerts en vain, notamment l'archevêché de la Trinidad, dans les Antilles, et l'archevêché de Londres, vacant par la mort du cardinal Wiseman. Bien qu'il se fût promis de rester toute sa vie au service du pape, il ne put réaliser son désir. Il fut atteint d'une maladie cérébrale qui nécessita son internement à Passy, dans la maison de santé du docteur Blanche. Ceci se passait en 1868. Lorsque le pauvre malade se sentit mieux, il voulut retourner près de Sa Sainteté. Dans cette intention, il lui écrivit une lettre qui fut interceptée. On lui répondit qu'il devait prolonger son séjour à Passy, sous peine de perdre la pension qu'il recevait du Vatican. C'est là qu'il mourut sans avoir recouvré la pleine possession de ses facultés. De tous les camériers nationaux, Mgr de Mérode fut sans contredit le plus actif et le plus influent. Quand il arriva à Rome, au mois de novembre 1847, il venait de quitter l'Afrique, où il était officier dans la légion étrangère. Il prit un logement *via Pia di Marmo*, de commun avec l'abbé de Woëlmont, un compatriote de Namur. M. de Woëlmont, scrupuleux à l'excès, recommençait tous les jours la récitation de son office. Les deux jeunes Belges passèrent l'année fort agréablement en suivant les cours du collège romain, où le célèbre père Gury professait son fameux cours de morale.

La révolution du 16 novembre 1848 mit en relief les qualités belliqueuses et le courage de l'abbé de Mérode. Pendant que l'insurrection hurlait au Quirinal et qu'on pointait un canon sur les portes d'entrée pour les défoncer, de Mérode essaya de parlementer avec les rebelles et osa protester. Cent baïonnettes furent dirigées contre lui, et il allait être infailliblement massacré si les gardes suisses ne lui avaient ménagé l'entrée du palais par une petite porte dérobée. On dit que son attitude héroïque en face de la révolution, à laquelle il essaya en vain de tenir tête, lui valut d'être remarqué par Pie IX, qui, deux ans plus tard, après le retour de Gaëte, le nomma un des quatre camériers participants.

Pie IX, qui avait senti dans l'abbé de Mérode une âme d'apôtre, d'un dévouement infatigable, mit bientôt en activité son énergie et le besoin qu'il avait de créer des œuvres extérieures. C'est ainsi que nous le vîmes fonder l'école d'agriculture de la *Vigna Pia*, le pénitencier de Sainte-Balbine pour les jeunes détenus, deux écoles dirigées par les frères de la Miséricorde de Belgique, appeler enfin des sœurs belges pour s'occuper des prisons de femmes et améliorer le sort moral des détenues. L'école d'agriculture, ou orphelinat agricole de la *Vigna Pia*, est placée à deux milles (1) de la *porta Portese*, entre le Tibre et la route de Civita-Vecchia. Elle occupa d'abord le couvent de Sainte-Prisca, près de Sainte-Sabine, sur le mont Aventin. Il fallait trouver des directeurs pour cet établissement ; Mgr de Mérode s'adressa à l'institut des frères de Sainte-Croix, fondé par l'abbé Moreau dans la ville du Mans. Les frères arrivèrent à Rome au mois d'octobre 1850 et prirent possession de la belle propriété que Pie IX avait achetée de ses propres deniers. Les orphelins arrivèrent de toutes parts ; on en compta bientôt cent cinquante, qui furent instruits non seulement dans l'agriculture, mais encore en divers arts et métiers, chacun selon son goût et ses aptitudes.

Indépendamment de la section des frères, l'institut du Mans renfermait une société de prêtres voués à l'éducation et aux missions. Mgr de Mérode les invita à venir fonder un séminaire français, dont le besoin se faisait sentir à Rome. Le père Drouelle, procureur général de la congrégation du Mans, afferma dans ce but le palais *del Drago, via Rasella*. La famille del Drago est une des plus nobles familles de Rome. Pie IX conseilla à son neveu d'épouser la princesse del Drago et lui donna une dot de 40 000 écus. Remarquons que c'est tout ce que le pape fit pour sa famille pendant les trente-deux années de son pontificat.

(1) Mgr Chaillot m'a dit une autre fois à trois milles (à une lieue environ) de Rome.

Pendant un an, le séminaire français fut installé au palais del Drago. Sur ces entrefaites, on parla au père Drouelle d'une maison qui était à sa convenance. Elle appartenait aux chanoines de Sainte-Marie du Transtévère et était située sur la place Farnèse, contiguë à l'église de Sainte-Brigitte. L'occasion était excellente ; le père Drouelle ne la manqua pas. Il négocia habilement avec les représentants du chapitre de Sainte-Marie du Transtévère la cession de l'église et de la maison. On décida que la cession serait faite sous forme de contrat emphytéotique, pour un laps de quatre-vingt-dix-neuf ans. La permission du pape était nécessaire, comme elle l'est pour l'aliénation ou emphytéose des biens ecclésiastiques. Pie IX autorisa l'acte qui constituait la fondation du premier séminaire français à Rome, et la Congrégation des Évêques et Réguliers fut chargée de l'expédition de l'indult nécessaire. Mais l'immeuble avait besoin de grandes réparations ; il fallait encore l'approprier aux exigences de sa nouvelle destination. La Providence ménagea les ressources de l'institut, en mettant les pères en rapport avec un ingénieur français nommé Ponney.

Ponney avait fait partie de la Compagnie Séguin, qui avait construit des ponts sur le Rhône. Il fut appelé à Rome par la Compagnie Montgolfier-Bodin. *Ponte Rotto* fut son premier travail. Des difficultés survenues entre l'ingénieur et sa compagnie firent naître un procès qui vint au tribunal de la Rote. Ponney le gagna, et le tribunal lui adjugea la recette de ce pont, où l'on payait un droit de péage, jusqu'à l'acquittement intégral des sommes qui lui étaient dues.

Bientôt notre ingénieur s'aperçut qu'il était volé par ceux-là mêmes qu'il avait préposés à l'office de la perception. Il plaça à l'entrée du pont un compteur automatique qui empêcha la fraude et obligea ses employés à pratiquer malgré eux les règles de l'équité qu'ils avaient jusque-là fréquemment mises en oubli.

Ponney exécuta à Sainte-Brigitte des travaux qui sont un chef-d'œuvre d'habileté. Il supprima portes et fenêtres, en ouvrit de nouvelles et parvint à disposer une trentaine de chambres. Comme honoraires, le père Drouelle lui ménagea un appartement gratis, qu'il lui offrit, à lui et à sa famille.

Il est absolument hors de doute que le séminaire français de Sainte-Brigitte a précédé celui que les pères du Saint-Esprit établirent à Rome vers la fin de 1853.

Les pères du Saint-Esprit débutèrent dans l'ancien collège irlandais, *via degli Ibernesi*, près de la place Trajane. Ce ne fut que plus tard qu'ils transférèrent leur maison dans l'antique monastère de Sainte-Claire, qui a donné son nom au séminaire français situé à l'angle de la rue Sainte-Claire et de la place de la Minerve, et dont les agrandissements récents attestent l'état prospère et florissant.

A dire vrai, cependant, et en remontant aussi loin que possible dans mes souvenirs, le séminaire de Sainte-Brigitte ne fut que le second séminaire français ; le premier avait été créé plusieurs années auparavant par l'abbé de Geslin, qui faisait alors partie des missionnaires du vénérable Pallotti. Il me souvient d'avoir rencontré dans cette maison plusieurs excellents sujets du clergé français, notamment M. l'abbé Boulachou, aujourd'hui curé de la paroisse Sainte-Foy, dans la banlieue de Lyon. Le séminaire n'étant pas riche, on y faisait, paraît-il, fort maigre chère. Mme Jurien de la Gravière, une femme au cœur bon et charitable, s'émut des privations imposées, par la force des choses, aux pauvres séminaristes. Elle les obligea à venir une fois la semaine à la Minerve pour y prendre un repas substantiel qui les réconfortât et qu'elle leur faisait servir à ses frais.

La troisième fondation de Mgr de Mérode fut le pénitencier de Sainte-Balbine, maison de correction pour les enfants condamnés par les tribunaux. Le couvent qu'on affecta à cette œuvre appartenait aux augustins. Mgr de Mérode en confia la direction aux frères du Mans, et le père Drouelle s'y établit avec eux. Mais la bonne harmonie entre lui et le prélat ne fut pas de longue durée. La question du règlement fut cause du conflit.

Mgr de Mérode, qui allait chaque jour visiter l'orphelinat de la *Vigna Pia*, donnait des ordres qui n'étaient pas exécutés parce que le règlement s'y opposait. Instruit par cette expérience, il ne voulut pas qu'on fît de règlement pour Sainte-

Balbine, et comme le père Drouelle insistait pour en avoir un, le prélat lui répondit : « Le règlement de Sainte-Balbine consistera à exécuter chaque jour mes ordres. — J'accepte ce règlement d'un nouveau genre, repartit le père Drouelle, mais il importe qu'il soit écrit. » Mgr de Mérode ne vit pas le piège qu'on lui tendait. Il signa l'article unique et le remit au supérieur. Entre les mains de celui-ci, c'était une fameuse excuse à présenter dans le cas probable où des désordres se seraient produits. Aussi, peu après, Mgr de Mérode de réclamer son papier, et le père Drouelle de se refuser obstinément à le rendre. Les frères du Mans furent congédiés et partirent incontinent. N'ayant plus personne à la tête de son œuvre, de Mérode la confia par intérim à un vieil invalide, et bien qu'on fût au cœur même de l'hiver, il prit sans retard le chemin de la Belgique. Il ramena avec lui les frères de la Miséricorde, lesquels gardèrent le pénitencier jusqu'à l'invasion piémontaise. Une fois arrivés à Rome, les frères de la Miséricorde ouvrirent plusieurs écoles primaires, une particulièrement à l'entrée du *Borgo Pio*, à peu près à égale distance du fort Saint-Ange et de la place Saint-Pierre.

En inspectant les prisons de femmes, Mgr de Mérode comprit que des réformes de tout genre s'imposaient et que quelques-unes étaient urgentes. Il choisit pour l'aider dans ses projets des religieuses belges, instituées pour s'occuper de pareilles œuvres. Bientôt, les prisons furent moralisées ; elles prirent un aspect meilleur et plus consolant que celui qu'elles présentaient précédemment. A l'exemple des frères de la Miséricorde, les sœurs belges fondèrent diverses écoles primaires qui subsistent encore aujourd'hui. En 1870, les Piémontais venus à Rome se hâtèrent de laïciser les prisons des deux sexes, mais ils ne purent atteindre les écoles libres.

Au commencement de chaque année, le gouvernement pontifical avait coutume de mettre en adjudication tout ce qui était nécessaire au service des prisons, aliments, mobilier et vêtements. Or, il arriva fréquemment, paraît-il, que les prisonniers furent fort mal servis, parce qu'une grande partie des fonds alloués restait dans la poche des adjudicataires. Voulant remédier à un état de choses dont les conséquences fâcheuses avaient pour effet d'influer beaucoup sur l'état de santé des détenus, Mgr de Mérode se mit sur les rangs lors de l'adjudication et l'obtint. Il améliora singulièrement le régime alimentaire, et loin d'y perdre, il trouva plutôt un excédent annuel assez considérable. Il est juste d'ajouter que le succès doit être attribué en partie aux qualités économiques et industrieuses d'un gérant nommé Luzzi, homme probe et intelligent, qui fit travailler les prisonniers à la confection d'étoffes qu'on vendait dans un magasin de la ville et dont la plus grande part des bénéfices servait à procurer aux détenus un certain bien-être qu'ils n'avaient peut-être jamais connu.

J'ai entendu dire que Mgr de Mérode — dont l'esprit actif et entreprenant était toujours en quête de nouveauté — avait fait aussi le commerce du blé, sans être arrêté par la considération des lois ecclésiastiques, lesquelles interdisent le négoce aux ecclésiastiques. Il pensait que la fin justifie les moyens, et comme le bénéfice de toutes ses entreprises était consacré aux bonnes œuvres, il croyait, à tort ou à raison, pouvoir se livrer à toute sorte de trafic.

Les bonnes œuvres alimentèrent en effet pendant dix ans l'activité prodigieuse de Mgr de Mérode. Mais en 1860, la tournure que prirent les événements excita les plus vives préoccupations du prélat ; il prévit d'ores et déjà que les Piémontais ne tarderaient pas à réaliser leur projet d'unité italienne. La mort de Ferdinand venait d'écarter le principal obstacle.

L'expédition de Marsala, en Sicile, fut le commencement des hostilités. Cavour envoya dans l'île mille soldats qu'on chargea de renverser le roi de Naples, et le grand crime des Anglais fut de prêter la main à cette opération en permettant aux garibaldiens de pénétrer dans l'île sous le couvert et la protection de leur uniforme. La mission des mille ne fut nullement périlleuse. Ils ne livrèrent aucun combat. Les généraux, les membres de l'administration supérieure et, à leur tête, le commandant de la forteresse de Palerme, se laissèrent gagner par l'or et livrèrent ainsi sans résistance et sans coup férir la capitale de la Sicile. On assure que l'expédition du royaume de Naples et des Deux-Siciles coûta aux Piémontais environ 400 millions. Cela fait, Garibaldi passa le détroit de Messine et parut en Calabre. Le jeune roi de Naples envoya quelques régiments pour s'opposer à sa marche, mais les généraux étaient vendus à l'ennemi. Mgr de Mérode comprit alors qu'il était prudent de confier la défense des États pontificaux à des troupes sur la fidélité desquelles on pût compter. De là naquit l'idée des zouaves pontificaux, créés à cette époque et recrutés librement dans tous les pays de la chrétienté. Mais il fallait un général en chef. Mgr de Mérode songea au général de Lamoricière, qui, n'ayant pas voulu servir Napoléon, avait brisé sa carrière militaire et vivait dans la retraite depuis une dizaine d'années. Le prélat partit aussitôt pour la Belgique et alla trouver le général qui y était ; il plaida si chaleureusement la cause du pape qu'il vainquit toutes les résistances et triompha de toutes les hésitations. Lui-même, sur les entrefaites, avait été nommé ministre de la guerre.

Lamoricière arriva à Rome au printemps de l'année 1860 Il ne fut pas peu surpris de ne trouver aucune organisation militaire. Pas une place d'armes dans tout l'État pontifical ! Tout était à créer. Sous la vigoureuse impulsion du généralissime, quelques mois suffirent à changer profondément l'état de choses existant. Pie IX lui avait donné des pouvoirs discrétionnaires. Lamoricière en profita pour avoir raison des lenteurs involontaires ou calculées des *monsignori* chargés du gouvernement des provinces. On raconte à ce propos — si mes souvenirs sont exacts — que le général demanda au délégat pontifical d'Ancône de faire évacuer une prison pour y installer une caserne. Comme l'opération ne se faisait pas assez vite au gré de Lamoricière, il fit arrêter le délégat pontifical, le mit dans une voiture et l'envoya à Rome escorté d'un piquet de gendarmes. On dit encore que Pie IX ayant consulté le général sur certaines réformes à opérer dans ses États, Lamoricière lui aurait répondu : « Pour réformer vos États, Très Saint Père, il faudrait faire appel au feu du ciel et à l'eau de la mer. » Cette réponse est-elle bien authentique ? Elle serait bien osée, encore qu'elle soit trop absolue.

En peu de temps, une armée de dix mille hommes fut équipée. Mais à ce moment, par le fait de la trahison, on manqua une opération qui devait placer l'illustre général à la tête de cent mille hommes. Si le plan avait réussi, c'en était fait de l'armée garibaldienne. L'expédition aurait échoué à Naples, et l'unité italienne n'aurait pas pu s'effectuer, du moins dans les conditions où elle eut lieu. Voici la suite des événements.

Le roi François II, trahi par tous ses généraux, fut obligé de quitter Naples, le 8 septembre 1860. Il lui restait encore près de quatre-vingt mille hommes. Il chargea une personne de confiance d'aller trouver Lamoricière et de lui proposer en son nom de prendre le commandement de ses troupes. Lamoricière ayant accepté la proposition, acte en fut dressé, puis signé de part et d'autre. Le secret le plus absolu était la condition *sine qua non* de la réussite. Malheureusement, il ne fut pas gardé, et les généraux de Victor-Emmanuel, avertis de ce qu'on tramait, envahirent l'État pontifical avec soixante mille hommes pour écraser la petite armée de Lamoricière. Qui fut le traître? Il est fort délicat de répondre directement à cette question. Je ne puis toutefois céler des faits que tout Rome a connus et qui ont défrayé, à l'époque, bon nombre de conversations. Ce qui est certain, c'est que Lamoricière, alors à Spolète, notifia à Mgr de Mérode, par télégramme, qu'il fallait absolument arrêter Philippe Berardi, le frère du substitut du secrétaire d'État. Lorsque le télégramme arriva à Rome, Berardi se trouvait à sa maison de campagne de Ceccano, sur la ligne de Rome à Naples. Mgr de Mérode partit sur-le-champ pour Frosinone, afin de procéder à son arrestation. Son plan n'obtint pas le résultat qu'il espérait, faute d'habileté. Arrivé à Frosinone, vers 7 heures du soir, il appela le brigadier de gendarmerie et lui donna ses instructions. Il devait être à minuit à Ceccano et faire main basse sur tous les papiers de Berardi.

Ce fut sans doute une première faute de confier l'affaire au brigadier cinq heures avant son exécution. En outre, Mgr de Mérode n'était pas seul avec le brigadier lorsqu'il l'entretint; la conversation eut lieu en présence du *monsignore*, préfet de la localité. Est-ce le brigadier qui fit avertir Berardi, ou bien le préfet?... Car Berardi fut certainement prévenu. En effet, lorsque l'officier de la force publique arriva à Ceccano, vers l'heure de minuit, aux termes de ses instructions, il ne surprit pas la famille Berardi. La maison éclairée témoignait qu'on attendait une visite domiciliaire, et, dans la cheminée, des papiers brûlés étaient l'indice qu'on avait anéanti des documents peut-être compromettants. Bien que l'enquête dans la maison de Berardi demeurât vaine et inutile, il fut néanmoins incarcéré, et on l'aurait certainement fusillé s'il n'avait dépendu que de Lamoricière.

Depuis, on s'est demandé comment Berardi était parvenu à découvrir la convention secrète passée entre le roi de Naples et le général de Lamoricière. On interrogea son frère le substitut, qui accusa Philippe d'un abus de confiance. Il y avait un an que les frères Berardi avaient cessé de se voir. Philippe profita de l'absence du substitut pour entrer dans son cabinet de travail sans que les domestiques osassent s'y opposer. Voilà sans doute comment il prit connaissance de la convention authentique qui se trouvait, paraît-il, ouverte sur le bureau, au lieu d'être enfermée dans un secrétaire, comme elle aurait dû l'être. Tel fut le récit de Mgr Berardi. Il faut convenir toutefois que le concours de tant de circonstances fortuites sembla bien étrange et difficile à concilier entre elles. Aussi Pie IX garda-t-il rancune à Mgr Berardi, qu'il ne voulut pas, pendant six mois, recevoir à l'audience hebdomadaire. A Rome, on donnait pour certain la disgrâce du substitut ; mais bientôt la grande bonté naturelle au pape prit le dessus, et Mgr Berardi fut réintégré dans ses importantes fonctions.

Quelques années plus tard, Mgr Berardi fut nommé nonce pontifical à Saint-Pétersbourg et sacré, à cette occasion, archevêque *in partibus*. La nonciature en projet s'étant dissipée en fumée parce que la Russie refusait d'accepter certaines conditions sans lesquelles toute transaction était impossible, Mgr Berardi fut promu au cardinalat sans avoir quitté Rome.

On comprend que les Piémontais, avertis de ce qui se tramait entre Lamoricière et le roi de Naples, sentirent la nécessité de précipiter les événements. Deux généraux, La Marmora et Fanti, partirent pour Chambéry, où se trouvait Napoléon III. On assure que l'empereur leur dit : « Envahissez, si vous voulez, l'État pontifical, mais faites vite. » Soixante mille hommes franchirent aussitôt les frontières des États de l'Église. Lamoricière comptait toujours sur l'intervention de la France et ne s'était jamais éloigné de Rome sans conserver cette espérance. On assure, en effet, que le général de Goyon, commandant du corps français d'occupation, avait dit à Lamoricière : « Partez sans crainte ; nous serons à Ancône aussitôt que vous. » La diplomatie elle-même partageait ces illusions. Au moment où la petite armée des zouaves pontificaux était écrasée à Castelfidardo, le cardinal Antonelli faisait publier, dans le *Journal de Rome*, que le gouvernement français avait formellement promis de *s'opposer en antagoniste* à tous les efforts des Italiens contre Rome. Aussi quel ne fut pas l'étonnement de Lamoricière lorsqu'il se vit attaqué par toutes les forces piémontaises. Dix mille soldats du pape étaient en présence de soixante à soixante-dix mille ennemis. Les zouaves firent des prodiges de valeur. J'en ai connu qui reçurent quatre blessures, dont une seule aurait dû les mettre hors de combat, et qui restèrent trois mois entre la vie et la mort. Après la bataille, Lamoricière s'échappa par Umana et la montagne d'Ancône. Il fut suivi par quelques officiers de zouaves, parmi lesquels un Irlandais, commandant de la forteresse de Spolète. En le quittant, Lamoricière lui serra la main et lui dit : « Allez vous faire sauter à Spolète avec toute la garnison ; je vais en faire autant à Ancône. » Le télégraphe était libre ; le commandant de Spolète consulta le cardinal Antonelli avant de mettre le feu aux poudres. La réponse fut un ordre formel de livrer la forteresse aux Piémontais. A Ancône, Lamoricière reçut les mêmes ordres, et il fallut qu'ils fussent sans réplique pour qu'il s'y soumît. Pendant huit jours, il résista à toutes les forces de terre et de mer qui assiégeaient la place. Enfin arriva un vaisseau qui arbora le drapeau parlementaire ; le feu cessa aussitôt, et il franchit les lignes ennemies. Il portait un envoyé du cardinal Antonelli chargé de remettre, à l'adresse du général, un pli qui n'était autre chose que l'ordre absolu de rendre la place. Ce fut une cruelle humiliation pour le vainqueur d'Abd-el-Kader de rendre son épée aux Piémontais. On lui permit, s'il le voulait, de rentrer en France. Deux mois plus tard, il se rendait à Rome pour remettre au saint-père la relation de toute la campagne. Le document comprend cent vingt-cinq pages et débute par l'affirmation qu'il a été trahi par de grands personnages, infidèles à la cause sacrée qu'ils auraient dû défendre les premiers. Le roi de Naples, renfermé à Gaëte, continua sa résistance jusqu'au mois de février de l'année suivante.

Voilà, en résumé, comment fut consommée la spoliation des États pontificaux au profit des Piémontais. Le pape conserva Rome et la province romaine, limitée d'un côté par Viterbe et Civita-Vecchia, de l'autre par le monte Rotondo, Albano et Frascati, tout le pays en un mot jusqu'à la frontière de Naples. Il put compter encore cinq cent mille âmes. Cette situation, hâtons-nous de le dire, fut très onéreuse pour le pape, qui, malgré l'amoindrissement de son territoire et, partant, la diminution de ses ressources, se fit un point d'honneur de payer les coupons de la dette publique et de retraiter tous les employés des Légations qui s'étaient réfugiés à Rome après l'occupation. Beaucoup de familles nobles quittèrent le pays, lors de l'invasion piémontaise, et vinrent habiter Rome ou la partie du territoire qui restait encore au souverain pontife.

Le compositeur Rossini vivait retiré à Pesaro, son pays natal. Le célèbre maestro avait espéré y finir tranquillement ses jours. Ce que voyant, il retourna à Paris en chaise de poste. Il paraît que sa constitution nerveuse ne lui permettait pas un autre genre de locomotion ; les chemins de fer surtout, par leur vitesse, lui donnaient le vertige.

On croyait, à Rome, qu'après le départ du général Lamoricière et la chute du gouvernement pontifical, Mgr de Mérode se démettrait de ses fonctions de ministre de la guerre. Cependant, il les conserva cinq années encore, de 1860 à 1865. Il croyait peut-être, par là, préserver le petit territoire que les Piémontais avaient laissé au pape. C'est en vain que Pie IX lui insinua plusieurs fois qu'il devait donner sa démission ; le prélat ou ne comprit pas ou feignit de ne pas comprendre. Les zouaves belges, flamands et hollandais continuaient à arriver en foule. Disons, en passant, qu'un grand nombre d'officiers eurent plus tard l'heureuse étoile de contracter à Rome des mariages fort avantageux.

En 1865, la situation, déjà fort tendue, devint intolérable, parce que Mgr de Mérode, ne réfléchissant pas assez aux charges trop lourdes qui pesaient sur le trésor pontifical, continuait à faire des dépenses excessives, afin d'entretenir ses zouaves et tout le reste de l'armée. Le gouvernement n'ayant pas de budget réglé d'avance, le ministre de la guerre se croyait permis de tirer des lettres de change sur son collègue des finances, sans le prévenir et sans s'informer si le trésor pouvait faire face à ces dépenses inattendues. Au mois d'octobre 1865, Pie IX signifia directement au prélat qu'il devait absolument donner sa démission et quitter le ministère de la guerre. On assure que Mgr de Mérode résista jusqu'au dernier moment et qu'il ne céda qu'après une altercation très vive qui eut lieu entre lui et le pape. Un Belge, Mgr de Woëlmont, connaissait depuis longtemps Mgr de Mérode et logeait avec lui au Vatican. Dès qu'il apprit que la chute de son ami était imminente, il demanda une audience et, si j'en crois ses propres paroles, à moi rapportées, tint au souverain pontife un langage inexplicable et plus encore inexcusable. « Il y a deux manières d'assassiner quelqu'un, aurait dit à Pie IX Mgr de Woëlmont ; la première en le privant de la vie matérielle, la seconde en attentant à sa vie morale. C'est de cette seconde manière dont Votre Sainteté a usé envers Mgr de Mérode (1). » Étonné d'une attaque à brûle-pourpoint, Pie IX ne répondit pas un mot ; il se contenta de tirer un cordon de sonnette et de congédier sur-le-champ son irascible visiteur.

Après une pareille sortie et les altercations qui l'avaient précédée, Pie IX ne pouvait plus voir Mgr de Mérode. Au lieu de se retirer tout à fait, comme il eût été convenable de le faire, l'ex-ministre de la guerre reprit ses fonctions de camé-

(1) Je répète que je tiens ce récit de la bouche même de Mgr de Woëlmont. *Note de Mgr Chaillot.*)

rier participant et continua à fréquenter l'antichambre ; mais le pape ne l'appelait plus ni pour la récitation de l'office ni pour la promenade quotidienne. Mgr Natali, l'ancien confident de la vénérable Anna-Maria Taïgi, allait une fois la semaine à l'audience pontificale, sans qu'il eût besoin du billet traditionnel. Quelques jours après la destitution de Mgr de Mérode, il eut occasion de prononcer son nom en présence du pape. « Natali, lui dit Pie IX en lui saisissant le bras, ne prononcez jamais ce nom en ma présence ; celui qui le porte n'existe plus désormais pour moi. »

Cette situation tendue ne dura heureusement que quelques semaines ; il était réservé à l'évêque de Poitiers de la faire cesser. Mgr Pie vint, en effet, à Rome dans ce but exprès. Il plaida chaleureusement la cause de Mgr de Mérode ; exposa au pape que la famille du prélat était illustre et influente aussi bien en Belgique qu'en France ; que sa disgrâce pourrait avoir toutes sortes de conséquences fâcheuses ; qu'il valait mieux se l'attacher par un pardon et des bienfaits que de l'irriter par le châtiment d'une défaveur même juste et méritée. Pie IX écouta l'évêque de Poitiers et promit de suivre ses conseils. Mgr de Mérode échangea les fonctions de camérier participant pour celles d'aumônier de Sa Sainteté, poste qui n'est jamais confié qu'à un évêque *in partibus*. Aussi fut-il sacré peu après, archevêque de Mitylène.

Mgr de Mérode fut très heureux d'être rentré en grâces. Il continua ses œuvres et ses spéculations. Il acquit la villa dans laquelle fut commencée la *Via nazionale*. Son génie des affaires lui valut des bénéfices tels, qu'il a laissé, dit-on, en mourant, un capital de 7 millions !

Au concile du Vatican, Mgr de Mérode ne se rangea pas ouvertement parmi les opposants de la définition de l'*infaillibilité*, mais il se fit signaler comme *anti-opportuniste*. Il vota — si j'ai bonne mémoire — contre la définition, mais se soumit entièrement quelques jours plus tard, sur des observations qui lui furent faites (1).

(1) Je me borne, je le répète, à reproduire exactement la conversation de Mgr Chaillot.　　　　　　　　　　　(*Note de l'éditeur.*)

Les camériers nationaux participants, je l'ai déjà dit, ne furent pas la seule réforme qu'introduisit Pie IX dans la cour pontificale, au retour de l'exil de Gaëte ; il voulut encore avoir, en qualité de résidents à Rome, des cardinaux choisis dans les principaux pays de la chrétienté.

C'est le conseil qu'avait autrefois donné saint Bernard au pape Eugène III : *Nonne de toto orbe eligendi orbem judicaturi?* Le concile de Trente ne fit pas au pape une autre recommandation. Il semble, en effet, que les affaires qui sont portées à Rome de toutes les parties du monde chrétien ne peuvent être parfaitement traitées et recevoir une décision en connaissance de cause qu'à la condition qu'elles soient confiées à des hommes qui connaissent à fond la situation religieuse et morale de ces pays respectifs. Ce n'est pas, toutefois, une injonction que le concile voulut faire au pape ; il se contenta de lui exprimer un vœu et un désir.

Au siècle dernier, M\ :sup:`gr` Braschi, évêque dans les États pontificaux, publia quatre volumes in-folio pour prouver que, dans les premiers siècles, la plupart des papes n'étaient ni romains ni même italiens. On remarque encore, dans le *Bullaire* de Benoît XIV, un discours consistorial qui traite de la question des cardinaux nationaux. Le docte pontife ne manque pas de citer l'article du concile de Trente qui se rapporte à cette question.

Jusqu'à l'époque de la Révolution française, Rome comptait un certain nombre de cardinaux nationaux, protecteurs des couronnes. Parfois Italiens, bien que le cas fût rare, ils prenaient toujours l'engagement de traiter les affaires du pays qu'ils représentaient près le saint-siège, au mieux des intérêts de ces pays ; ils participaient en quelque sorte à la nationalité de ceux dont ils étaient constitués les protecteurs.

Pie IX fut heureusement inspiré en voulant reprendre la tradition interrompue des cardinaux nationaux. Il est à regretter que cette idée, comme celle des camériers nationaux, n'ait eu qu'une résurrection éphémère, puisque personne n'a succédé au cardinal Reisach, représentant l'Allemagne, et au cardinal de Villecour, représentant la France. Le cardinal de Villecour était trop âgé lorsqu'il vint à Rome, qu'il ne connaissait pas. Reisach, au contraire, était assez jeune pour s'initier aux affaires. Jadis il avait été élève au Collège germanique, puis recteur du Collège de la Propagande, avant d'être désigné d'abord à l'évêché d'Eichstadt, puis à l'archevêché de Munich.

Plus d'un Français se demanda pourquoi Pie IX avait créé cardinal Mgr de Villecour. La vérité vraie, la voici : le saint-père, voulant promouvoir un de nos nationaux, ne savait sur qui arrêter son choix, à cause de la division qui régnait dans l'épiscopat entre les gallicans et les ultramontains. Pie IX craignait d'indisposer un parti en donnant satisfaction à l'autre. Pendant que l'esprit du pontife flottait dans cette perplexité, arriva, sur les entrefaites, à Rome, pour y prendre un peu de repos, Mgr de Villecour, évêque de la Rochelle. Cet événement inopiné fut considéré par le pape comme le moyen que la Providence lui ménageait pour le tirer d'embarras. Il lui envoya le billet cardinalice. Mgr de Villecour était loin de s'attendre à un pareil honneur ; il en fut vivement surpris.

Il est d'usage que le nouveau cardinal fasse un discours au jour de la cérémonie de la remise du chapeau. Mgr de Villecour envoya le sien à l'imprimerie de la Propagande. Il attendait l'épreuve d'un moment à l'autre, lorsqu'un billet du maître du Sacré-Palais lui apprit que Pie IX avait fait saisir les exemplaires et le manuscrit lui-même. Mgr de Villecour en fut quitte pour faire un autre discours. Huit jours plus tard, il réclama son premier travail et l'obtint à grand'peine. Le bon évêque avait pris comme texte ces mots : *Fecit mihi magna qui potens est*, et, dans la joie de son âme, le commentait en se l'appliquant si avantageusement, qu'on crut préférable, pour lui et le Sacré Collège, de le supprimer et de l'obliger à en faire un nouveau sur un ton différent.

Mgr de Villecour reçut les visites à l'ambassade de France, au palais Colonna. Il prit ensuite un fort bel appartement dans le palais Lancellotti. Pendant les premières années de son séjour à Rome, il fut assidu aux travaux des Congrégations. Le monopole des questions de sépulture lui était réservé. N'ayant jamais fait d'études préalables et ne connaissant pas les précédentes décisions des Congrégations, il se contentait de communiquer à ses éminentissimes collègues la pratique généralement suivie en France.

Vers 1860, il adressa une circulaire à chacune des congrégations dont il faisait partie pour annoncer qu'il ne continuerait plus à assister aux séances. Il utilisa ses loisirs en achevant la belle histoire de la *Vie de saint Alphonse de Liguori*, dans laquelle il suivit pas à pas Tannoia, l'historiographe attitré du saint docteur.

Cet ouvrage est très estimé, car il est fréquemment cité dans les actes du doctorat de saint Alphonse. De Villecour n'a pas eu la consolation de voir quels grands éloges son œuvre reçut de la Congrégation des Rites ; il était mort plusieurs années auparavant. Quand il mourut, il avait à son service un valet nommé Pierre, qui avait une telle réputation de probité, que Pie IX voulut l'avoir à son service. Il le prit comme *bussolante*. Le cardinal fit, par testament, divers legs où les bonnes œuvres eurent une très large place. Il n'oublia point son secrétaire particulier et son caudataire, Mgr Boscrédon, un ecclésiastique très affable originaire de Montauban.

Reisach fut le cardinal national d'Allemagne. Il avait fait son éducation ecclésiastique à Rome, et il fut pendant quelque temps recteur du collège de la Propagande, à l'époque où la direction de ce collège avait été enlevée aux Jésuites. C'est là qu'on le prit pour l'envoyer évêque d'Eichstadt, en Bavière. Grégoire XVI, apprenant que les ordres religieux de ce pays étaient tombés dans le relâchement, nomma l'évêque d'Eichstadt visiteur apostolique de tous les couvents d'hommes et de femmes, notamment pour l'ordre des franciscains et des capucins. Les archives de la Sacrée Congrégation des Évêques et Réguliers conservent les relations du visiteur apostolique qui montra, dans l'accomplissement de ses fonctions, un zèle digne des plus grands éloges. Il fut un des premiers à proposer le changement de discipline qui consiste à faire précéder de trois années de vœux simples la profession solennelle. Les capucins du tiers ordre avaient déjà introduit parmi eux la pratique des vœux simples, pratique qui a l'avantage de permettre de renvoyer dans le monde les religieux dont la vocation n'est pas sûre. D'après le concile de Trente, la profession solennelle doit avoir lieu après un an seulement de noviciat. Ceux qui, dans ce laps de temps, n'ont pas professé solennellement sont congédiés du couvent et renvoyés à leur famille. Mais en cas de profession prématurée ou de relâchement dans la discipline, que devient le religieux lié à jamais par des vœux perpétuels ?

Le décret du 19 mars 1857 généralisa la nouvelle mesure des vœux simples triennaux; quinze ans toutefois auparavant, Mᵍʳ Reisach s'était fait autoriser par Grégoire XVI à l'introduire dans toute la Bavière. C'est là ce qui attira l'attention sur lui. Aussi, lorsque Pie IX forma une congrégation spéciale pour examiner cette question, crut-il à propos d'utiliser les lumières de Mᵍʳ Reisach, qui venait d'être préconisé à l'archevêché de Munich. Ce fut sans doute le principal motif qui le fit appeler à Rome pour être décoré de la pourpre cardinalice et attaché ensuite à la congrégation spéciale dont je viens de parler. Pendant le reste de sa vie, le cardinal Reisach s'occupa activement des affaires de la Propagande et réalisa toutes les espérances qu'il avait fait concevoir, ce qui lui avait valu de faire partie de la Congrégation des *affaires extraordinaires*.

En 1866, il accomplit une bonne action que nous croyons digne d'être rapportée. Il s'agit d'un Polonais qui s'était affilié à la franc-maçonnerie. Contente de ses services, la secte résolut de l'élever aux grades supérieurs. Comme il fallait l'instruire à fond des mystères réservés aux grands dignitaires, on l'envoya à Caprera où résidait le général Garibaldi. Garibaldi fut ainsi le maître des novices de notre Polonais. Il lui manifesta les secrets soigneusement cachés aux profanes, les noms des chefs, ceux des principaux affiliés, notamment parmi les membres du clergé et de la cour romaine (1). Il lui révéla qu'en Italie la secte ne contenait pas moins d'une dizaine d'évêques (2).

---

(1) Je rapporte textuellement, sans les discuter, les propres paroles de Mᵍʳ Chaillot. (*Note de l'éditeur.*)

(2) J'ose croire que les révélations de Garibaldi sont une pure calomnie. (*Note de l'éditeur.*)

Quelques jours avant l'initiation aux grades supérieurs, notre Polonais recula. Il fallait, paraît-il, faire le serment de travailler toute sa vie à l'extermination du clergé et de la noblesse. Le jeune polonais ne pouvait en conscience prêter un pareil serment, sachant bien que si la Pologne existe encore, elle le doit à sa noblesse et à son clergé. En outre, le rituel prescrivait au récipiendaire de boire un verre de sang humain !

Pour échapper à l'initiation qui devait avoir lieu incessamment, le Polonais s'échappa de l'île de Caprera sur une barque. Quelques jours après il était à Rome et dévoilait un complot qui se tramait à Florence contre la vie de Napoléon III. M. Mangin, préfet de police français à Rome, avertit son gouvernement qui prit les précautions nécessaires pour faire avorter l'odieuse machination.

Après une telle fugue et une rupture aussi éclatante avec la franc-maçonnerie, le Polonais ne pouvait songer à habiter Rome où sa vie n'était pas en sûreté. Il le comprit si bien qu'il prit le parti de s'enfuir aux États-Unis d'Amérique ; mais ses ressources ne lui permettaient pas d'effectuer un tel voyage. Pie IX et le cardinal Reisach en firent les frais : le pape lui donna deux cents francs et le cardinal huit cents. Circonstance curieuse à noter, c'est que le pontife consigna la somme à un personnage de la secrétairerie d'État que le Polonais avait dénoncé comme un des carbonari les plus dangereux de Rome. Inutile de le désigner davantage et de donner son nom.

Comme l'institution des camériers nationaux, celle des cardinaux résidents n'eut pas une longue durée. Reisach et de Villecour ne furent pas remplacés. Pie IX, quelques années plus tard, créa cardinal un autre Français résidant à Rome, le célèbre dom Pitra, mais ce n'est pas à titre de Français qu'on l'éleva à la pourpre. Il est d'usage que le pape régnant restitue le chapeau à l'ordre religieux auquel appartenait le pape dont il a lui-même reçu la pourpre. Grégoire XVI, qui donna le cardinalat à Mgr Mastaï Ferretti, appartenait à l'ordre de Saint-Benoît. C'est pourquoi Pie IX voulut créer un cardinal bénédictin. Or, en ce temps-là, l'ordre de Saint-Benoît était fort déchu dans l'État pontifical ; le nombre des moines s'élevait à peine à quarante ! Dom Pitra arriva à Rome sur les entrefaites, afin d'y achever divers travaux historiques qu'il avait entrepris, et Pie IX saisit l'occasion d'acquitter sa dette envers l'ordre des bénédictins.

Plusieurs Français se demandèrent alors pourquoi le choix de Pie IX ne tombait pas sur dom Guéranger qui jouissait alors d'une plus grande notoriété. La chose s'explique facilement, lorsqu'on se rappelle qu'à l'époque dont nous parlons, dom Guéranger ne vivait pas en bonne intelligence avec le pape. Quelles étaient les raisons de ce désaccord ? Voici ce que je puis attester :

Dom Guéranger fit un voyage à Rome en 1856. Il y passa plusieurs semaines, mettant la dernière main à des travaux importants pour la Congrégation des Rites, dont M⁵ʳ Capalti, plus tard cardinal, était alors secrétaire. Dom Guéranger fut chargé, entre autres choses, d'étudier les actes et les travaux de la congrégation spéciale, instituée par Benoît XIV, au siècle dernier, pour la réforme du bréviaire romain. Il écrivit un rapport que M⁵ʳ Capalti communiqua à Pie IX. Après avoir lu ce rapport, le pape donna ordre de restituer aux archives d'où ils sortaient tous les papiers qui avaient servi à la confection du rapport. L'affaire fut abandonnée ; abandonnée aussi la réforme du bréviaire romain sur laquelle comptaient pourtant les gallicans.

L'abbé Lequeux, l'auteur d'un manuel de droit canon bien connu dans les séminaires et mis à l'index en 1851, ainsi que je le dirai plus loin (1), M. Lequeux étant venu à Rome pour obtenir l'autorisation de corriger son livre examina à son tour les papiers relatifs à la refonte du bréviaire romain. Il prit des notes assez considérables, mais je n'ai jamais entendu dire qu'il en ait fait usage.

Après avoir rendu à la Congrégation des Rites les services qu'on lui demandait, dom Guéranger croyait pouvoir compter sur le succès des affaires personnelles qui l'avaient amené à Rome. Quelle ne fut pas sa déception, lorsque M⁵ʳ Capalti lui

---

(1) Le temps a manqué à M⁵ʳ Chaillot pour le faire.

notifia que Pie IX refusait d'approuver les offices propres à l'abbaye de Solesmes. Le coup fut d'autant plus sensible à l'illustre bénédictin, qu'il pensait avoir fait une œuvre remarquable en recueillant ce qui lui avait paru le plus beau dans les anciens bréviaires de Cluny, de Glanfeuil, de Saint-Benoît d'Aniane et autres sanctuaires de l'ordre.

Il quitta Rome le cœur ulcéré. Au moment où il allait partir, j'allai avec plusieurs Français l'accompagner à la diligence. Son compagnon de voyage me dit confidentiellement : « Dom Guéranger ne reviendra jamais à Rome du vivant de Pie IX. » Il a tenu fidèlement sa parole pendant les vingt années qu'il vécut encore. Au moment du concile du Vatican, le souverain pontife l'invita personnellement à venir y prendre part ; il resta sourd à cette invitation. Le cardinal Newmann, alors simple supérieur des oratoriens de Birmingham, fut, lui aussi, invité au concile œcuménique ; lui aussi déclina l'invitation. Il publia, pour expliquer tout à la fois et excuser son refus, une lettre dans laquelle il dit qu'il constatait avec douleur, d'après l'ensemble des circonstances, que l'Église lui paraissait fort éloignée de la grande expansion du règne de Dieu sur la terre.

Il ne me reste plus, pour terminer un entretien déjà trop long, qu'à vous dire quelques mots sur les synodes tenus universellement en France au milieu de ce siècle.

Vers les premiers temps de l'exil de Gaëte, deux évêques français se rendirent en ce lieu pour demander au pape la permission de convoquer dans leur pays un concile national. L'Allemagne avait donné l'exemple, car une assemblée générale des prélats de toute la Germanie venait de se tenir à Wurtzbourg. Malgré ce précédent, Pie IX ne crut pas devoir autoriser le concile national de France ; mais il leur suggéra de convoquer des conciles provinciaux. Louis-Napoléon Bonaparte, président de la République, ne se refusa pas à favoriser la tenue de ces conciles, c'est pourquoi toutes les provinces de France, Besançon excepté, eurent leurs assemblées régionales.

Or, il n'y avait pas eu de concile en France depuis l'année 1624. Les rois de l'ancien régime regardaient comme un privilège de leur couronne le droit d'en permettre ou d'en interdire l'ouverture. Louis XIV, lorsque la doctrine de Fénelon fut condamnée par le saint-siège, ne voulut pas autoriser la tenue d'un concile auquel devait être présenté le bref de condamnation ; il ne défendit pas toutefois les assemblées provinciales. Les articles organiques de Napoléon Ier portent en toutes lettres que les conciles tant provinciaux que nationaux ne pourront avoir lieu en France qu'avec la permission du gouvernement.

En 1849, le prince président de la République, qui tenait beaucoup à ménager le clergé, ne fit aucune opposition à la tenue des conciles. Voilà comment toutes les provinces ecclésiastiques, à l'exception de Besançon, s'assemblèrent conciliairement. Il est bon de remarquer que Reims et Bordeaux furent les seules provinces qui continuèrent à se réunir dans la suite conformément au concile de Trente qui prescrit le synode tous les trois ans.

Une bulle de Sixte-Quint prescrit de communiquer les actes des conciles provinciaux au saint-siège qui les examine et les corrige au besoin. Les conciles provinciaux tenus en France après le concile de Trente avaient respecté jusque-là cette décision. Mais l'archevêque de Paris, Mgr Sibour, ignorant sans doute l'existence de la bulle, ne voulait pas soumettre au visa de Rome les actes de son synode de 1849. Mgr Fornari, nonce apostolique à cette époque, informé de la chose, fit publier dans les revues et les journaux des articles qui établirent clairement l'obligation dont il s'agit. Mgr Sibour comprit la leçon indirecte et la prit fort mal. Il voulait excommunier l'abbé Bouix, l'auteur des articles parus dans *l'Univers* ; il se contenta de le destituer de ses fonctions de supérieur de la maison Marie-Thérèse, sorte d'infirmerie ecclésiastique fondée par la vicomtesse de Chateaubriand, la femme du littérateur bien connu. Bouix trouva un asile au séminaire du Saint-Esprit, auprès de l'excellent chanoine Gautier, protecteur déclaré de tous ceux qui étaient persécutés pour la justice.

Force fut donc d'envoyer bon gré mal gré, à Rome, les

actes du synode de Paris. Les autres provinces imitèrent cet exemple. La situation où se trouvait alors l'Église était peu favorable à l'examen de ces synodes. Le saint-père et les cardinaux étaient encore à Gaëte et à Naples, et le secrétaire de la Congrégation du Concile, Mgr d'Andrea, remplissait les fonctions de commissaire pontifical dans les Romagnes, occupées par l'armée autrichienne. La responsabilité de la revision des conciles de France fut laissée tout entière au sous-secrétaire de la Congrégation du Concile, Mgr Tomassetti, lequel s'acquitta de ses obligations d'une manière superficielle et incomplète, au point qu'il laissa passer, sans correction, bon nombre d'articles qui méritaient les plus sévères admonitions. Mal lui en prit, car au retour de Pie IX, il fut mis à la retraite, ou pour mieux dire, perdit sa place de sous-secrétaire.

Le saint-siège revise les conciles provinciaux, mais il n'entend par là les confirmer en aucune façon ; s'ils contiennent des dispositions anticanoniques, on ne peut se prévaloir de l'examen pour en conclure à l'approbation de ces dispositions. Les saints canons édictés pour l'Église universelle continuent à avoir force de loi sans qu'on puisse leur opposer tels ou tels articles des synodes provinciaux de 1849 et 1850 qui échappèrent à la correction, grâce à l'incurie du correcteur.

J'ai sous les yeux les remarques de ceux qui furent chargés par Mgr Tomassetti de reviser les actes du synode d'Albi en 1850. Je crois devoir en extraire quelques notes.

Le consulteur fait remarquer que le président du synode ne doit pas se nommer archevêque par la *miséricorde divine (archiepiscopus miseratione divina)*, parce que ce titre est réservé aux cardinaux. Les archevêques et les évêques doivent dire simplement : *Dei et apostolicæ sedis gratia.*

Le synode d'Albi concède le droit de suffrage au procureur du chapitre de la cathédrale dans le synode diocésain. Le correcteur observe que cette disposition ne s'accorde pas avec l'enseignement de Benoît XIV qui refuse ce pouvoir aux chanoines.

Viennent ensuite d'importantes observations sur les canons dogmatiques et les décrets disciplinaires. Le synode d'Albi ne s'était pas tenu rigoureusement au canon VI de la vingt-troisième session du concile de Trente, qui frappe d'anathèmes quiconque affirme qu'il n'y a pas dans l'église catholique une hiérarchie instituée par disposition *divine* et composée d'évêques, de prêtres et de ministres. On sait que le concile de Trente n'admit pas l'institution *divine immédiate ;* qu'il ne voulut pas définir comme de foi catholique ce point, à savoir que la distinction des trois ordres de la hiérarchie était *immédiatement d'institution divine.* Les évêques d'Espagne et ceux de France demandèrent longtemps cette définition, mais les canonistes de Trente s'y opposèrent constamment ; enfin, de guerre lasse, on remplaça les mots *institutione divina,* par ceux-ci : *ordinatione divina* (1). Le synode d'Albi s'autorisait d'un concile d'Antioche tenu en 344 ; or, le consulteur fait remarquer que ce concile fut l'œuvre des Ariens !

Le synode d'Albi réserve la nomination des vicaires à l'évêque diocésain, bien que le concile de Trente fasse clairement entendre que c'est au curé même qu'appartient l'initiative de cette nomination. A Rome, l'administration diocésaine n'intervient jamais dans la nomination des vicaires paroissiaux ; toutefois, lorsque le curé a fait son choix, il présente son collaborateur aux examinateurs du cardinal-vicaire pour qu'il reçoive l'approbation *ad curam animarum,* laquelle est distincte de l'approbation pour entendre les confessions.

J'ai également sous les yeux les annotations marginales qu'on apposa aux actes du synode provincial de Reims qui eut lieu en 1849. Le consulteur s'est principalement donné la tâche de signaler les lacunes.

Au titre I, chapitre III, la profession de foi catholique est prescrite au synode provincial, mais il n'en est pas question pour les autres actes de la vie ecclésiastique. On sait pourtant que le concile de Trente l'exige à la prise de possession des chanoines et des curés sous peine de confiscation du traitement.

Au titre III, chapitre IV, il y est dit que la messe paroissiale, *missa pro populo,* est appliquée par n'importe qui pour les

____

(1) Conc. Trident. Sess. XXIII; can. VI.

paroissiens. Ceci n'est pas tout à fait exact: C'est en qualité de médiateur entre Dieu et son peuple que le propre pasteur doit appliquer la messe pour ceux dont il a la charge. L'office de médiateur peut-il être délégué à un étranger ?

Le synode de Reims traitant des sacrements (titre IV, chapitre I) ne dit mot du rituel romain ; il oblige seulement les curés à se procurer les livres nécessaires : *scilicet ritualia, missalia et bene quidem apparata*. Le cardinal Gousset ne pouvait ignorer pourtant que le rituel romain est universellement obligatoire.

En parlant des parrains, le synode de Reims oublie de mentionner, parmi ceux qui ne peuvent remplir cet emploi, ceux qui ne font pas leurs pâques. Traitant ensuite de la visite des malades (titre IX, chapitre II) pas un mot n'est dit de la disposition du rituel romain qui oblige le curé d'assister les agonisants et de ne les quitter qu'après leur dernier soupir. Tous les canonistes s'accordent à dire que le curé ne remplit pas son devoir, s'il se contente d'administrer le viatique et l'extrême-onction.

Le titre XIII concerne les évêques, et le chapitre II contient un long décret sur la nomination des curés. Il est regrettable qu'on n'y fasse pas mention de la fameuse prescription du concile de Trente relative au concours. Le cardinal Gousset ne laisse pas soupçonner que le concile de Trente annule toute nomination de curé qui a lieu sans le concours préalable et l'enquête des examinateurs synodaux.

A propos de l'administration des séminaires, le synode de Reims recommande, il est vrai, de n'y nommer que de bons supérieurs et des professeurs instruits. Il ne parle pas toutefois de la commission administrative instituée par le concile de Trente, commission que l'évêque est tenu de consulter pour tout ce qui concerne les séminaires, et cela sous peine de nullité.

Au titre XIVe, chapitre I, nous lisons que les vicaires généraux remplissent les fonctions d'archidiacres, dont ils portent le nom, et qu'ils sont regardés en France comme la première dignité de l'église cathédrale. En cette qualité, ils ont la pré-

séance sur tous les autres chanoines, et suivent immédiatement l'évêque. Or ces dispositions sont anticanoniques.

Je pourrais faire beaucoup d'autres observations, signaler
beaucoup d'inexactitudes et des omissions que Mgr Tomassetti
laissa passer sans remarques. Ce que j'ai dit suffit à établir
que le gallicanisme ne peut se prévaloir des décrets des synodes provinciaux qui n'ont pas été réformés à l'examen de
Rome.

CONCLUSION.

Je quittai Rome en 1889 et, de tous mes regrets, celui de
devoir prendre congé de Mgr Chaillot ne fut pas un des moins
vifs. Je m'étais fait une douce habitude de sa grande amé-
nité, et j'aurais aimé à continuer mon travail sous l'égide de
ses conseils éclairés. Mais d'impérieux devoirs me réclamaient
ailleurs. Les *Souvenirs d'un prélat romain* furent donc for-
cément interrompus. Toutefois nous nous promîmes, en nous
séparant, d'entretenir une correspondance, de continuer notre
travail, et, qui sait? peut-être même de l'achever. Tous deux
nous fûmes fidèles à la première partie de notre mutuelle promesse ; il ne dépendit pas de lui, hélas ! de manquer à la
seconde. J'apprenais en effet, au mois de juin 1891, la mort
inopinée du prélat. Je n'ai pas eu la suprême satisfaction de
recueillir sur ses derniers jours les détails qui eussent consolé
mon affection. J'ai su seulement qu'il avait cessé de vivre
dans la maison que les sœurs de la Présentation de Tours ont
récemment établie, au numéro 13 de la *via Milazzo*, et que
ses restes ont été déposés au *Campo Santo*, au chevet de
la basilique de Saint-Laurent-hors-les-murs, qui renferme elle-
même le cercueil de Pie IX.

S'il est vrai que le grand pontife et son camérier aient été
quelque peu divisés, sur le déclin de leur vie, ils sont réunis
aujourd'hui dans le lieu même de repos au seuil duquel
viennent expirer le bruit de toutes les luttes et le choc de
toutes les passions.

TABLE DES MATIÈRES

www.ingramcontent.com/pod-product-compliance
Ingram Content Group UK Ltd.
Pitfield, Milton Keynes, MK11 3LW, UK
UKHW021524090726
13657UKWH00001B/406